Peter Wolfter

Salisch-Pfälzische oder Rheinisch-Fränkische Denkmäler

Peter Wolfter

Salisch-Pfälzische oder Rheinisch-Fränkische Denkmäler

ISBN/EAN: 9783744701389

Hergestellt in Europa, USA, Kanada, Australien, Japan

Cover: Foto ©ninafisch / pixelio.de

Weitere Bücher finden Sie auf **www.hansebooks.com**

Salisch-Pfälzische
oder
Rheinisch-Fränkische
Denkmäler

aus
dem IX. bis in das XII. Jahrhundert
als
ein Gedächtnißdenkmal
der
Pfälzischen Kur
und
Rheinischen Erzfürstenthums

hingestellt
von
Peter Wolfter

Herzoglich Pfalz Zweibrückischen Hofrath, und der
beiden gelehrten Gesellschaften, der Königlich
Großbrittanischen teutschen in Göttingen,
wie auch der Markgräfl. Badisch-
lateinischen in Karlsruhe
Mitglied.

Frankfurt und Leipzig
in der Pfählerischen Universitäts
Buchhandlung.
1786

Immortale tuum genus hoc innititur Alvo,
 ſtat Fortuna Domus, et Avi numerantur
 Avorum.

         Virgilius.

Eingang.

Die Merkwürdigkeiten des teutschen Stats, die Hauptveränderungen, welche Fustapfen der eigentlichen Aufklärung in dem sogenannten Statswesen, und dem Einfluß desselben in die Rechte, Gesetze, Gewohnheiten, ja sonstige andere Einrichtungen zurückeliessen, werden in keinem Zeitraum teutscher Geschichte kentbarer, als in jenem der **Saliker**. Ich heiße Sie des Vaterlands Ehrendenkmal.

Bey verschiedenen Bearbeitungen der teutschen Reichsgeschichte, welche immer, als zusammenhängende Theile des Ganzen betrachtet, sich auf die dahin beziehende Gegenstände einschränkten, konnte ich nichts Eigentliches von der ſaliſchen Geſchichte abhandlen, ich mußte auf das ganze Siſtem denken; was ich ſagte, waren nur Fragmente, die uns aber allzeit lehrten, wie ſehr die Zergliederung der ſaliſchen Geſchichte zu jener des teutſchen Reichs ohnentbehrlich ſeie, da wir durch ſie ihren eigentlichen Werth erſt ſchätzen konnten. Und iſt meine Beſchäftigung nicht belohnt genug, da ich behaupte, daß dieſelbe am engſten mit der **Pfälziſch-rheiniſchen Statsgeſchichte** verſchwiſtert ſeie?

Nichts iſt ſchwerer in jeder Geſchichte, als die eigentliche Anfänge mit Gründlichkeit zu beſtimmen, oder vielmehr Aufklärung zu finden, ohne in das weite Feld von Urſprüngen, welche manchmal zur Hauptſache nichts beitragen, öfters dieſelbe gar verdunkeln, hineinzugerathen, oder, wenn es mir erlaubt iſt, mich auszudrücken, faten Geſchichtsſtolz zu zeigen, der nur darinn Befriedigung ſucht — und wirklich findet; hohes Alterthum, aber

kaum

kaum von aberwitzigen Schlacken gereinigtes als das wahre Geschichtsgepräge zu tragen. Thorheit! Konntest du auch sogar das Heiligthum der Geschichte entstalten?

Unter den neuesten Geschichtschreibern, (ich nehme die gleichzeitige Jahrbücher und Kroniken aus, immer die Urquellen) traten Männer auf, die mit biederer Seele des Vaterlands Denkmäler, so wie sie sind, — und sein sollten, durch ihre der Welt und Nachkommenschaft so nützliche und gelehrte Werke retteten und so bearbeiteten, daß sie noch jedem Geschichtsforscher verehrungswürdig sind, ja bleiben.

Noch leben sie so ruhmvoll dem Gedächtnisse aller Gelehrten die kostbaren Schriften der Kurfürstlich = pfälzischen, und Baierischen Akademien der Wissenschaften das hohe Werk unseres gnädigsten Beherrschers und Vaters der Wissenschaften, des Durchlauchlauchtigsten Kurfürsten, und Erzfürsten des rheinischen Franziens Karl Theodors. Ein Fürstendenkmal, dem Vaterland, der Aufklärung und Jahrhunderten heilig!

Durch sie gewann die Geschichte unendliche Vortheile, und eben diese Vortheile waren es, die uns zeigten, was es sei, wenn Fürsten Gelehrte unterstützen, wie sehr dieses dem Stat nützlich sey, und wie dadurch junge aufkeimende Geistesgaben jenes Licht bekommen, wodurch sie mit stolzer Seele den wahren, desto ruhmvollern Werth ihres Landes kennen können. So ist der erhabene Zweck erreicht, Vater des Vaterlands zu sein!

Entfernt vom heutigen in meinen Augen so flatterhaften Schriftstellerstolze, will ich keine Neuheiten erfunden zu haben mich berechtigen. Nichts als die zerstreute Denkmäler dieser so wichtigen Salischen Geschichte suchte ich als ein pfälzisches Volksdenkmal in Eines

nes gleichsam umzumodeln, benützte die dazu gehörige Werke, berathschlagte die gleichzeitige Schriftsteller (auctores coaevos) und Urkunden, die ich aber hie und da mit Kritik widerlegte. a)

a) Hier verdient billig die vortrefliche Stelle des großen und denkenden Gelehrten in seinen Betrachtungen über das Universum pag. 71. eingerückt zu werden. Vaterland! Ich nenn dir ihn mit stolzer Seele. Es ist der Reichsfreyherr und dermalige Stadthalter zu Erfurt von Dallberg noch von altteutschem Ritterblute entsprossend, und darinn deinen Nachkömmlingen verehrungswürdig, weil er in hohem Grade das besitzt, wodurch Adel der Geburt in Wissenschaften so mächtig glänzend gleichsam nie vergeßliches Vaterlandsdenkmal wird. Dieses Zusammenordnen, sagt der geistvolle Verfasser: ist, was man Kunst heißt. Da wirkt die Seele auf die ausser ihr existirende Körperwelt, zertheilt, formet, versetzt, setzt zusammen. Ihre ersten Werkzeuge dazu sind die Glieder ihres Körpers. Sie wirkt ferner auf Seelen, die ausser ihr sind, giebt ihnen Eindruck, Unterricht, Befehle. Ihr Werkzeug dazu ist die Sprache, u. s. w. O!

In Wahrheit, nichts befremdet mich mehr, als wenn man glaubt ſammlen (compiliren) ſeye ſo ohnbedeutend a), da doch ein Mann dazu erfodert wird, der mit kritiſchem Auge vieler Schriftſteller und Kronografiſten Fehler rügen muß, und anderer Irrthümer widerlegen, heißt mit denkender Seele arbeiten. So dachten unſere erlauchte Vorfahrer, und würden Sie nicht die alte zerſtreute Werke geſammlet haben, ich glaube nicht, daß wir im Stande geweſen wären, was ſie uns durch ihren Fingerzeig vorthaten, fortzuſetzen.

Ich

O! Möchten doch jene Gelehrte, denen Geſchichte ihr Hauptfach iſt, ſolche Werke mit dem ſcharfſinnigſten Auge durchdringen, ſie beherzigen, und öfters auf ſchickliche Gegenſtände anwenden, um nicht immer das alte, öfters ſo denkloſe Kompilationsgleiſe zu durchwandern.

a) Siehe meine eigne Vorrede über das Wort Compilation welche in dem 1. Theil meiner Kaiſer- und Reichsgeſchichte gedruckt zu Heidelberg 1784 ſich befindet, wo ich daſſelbe abhandelte.

Ich heiße sie Väter des Lichts, uns aber dessen Verbreiter. Ich will sie nicht noch einmal unserm Gedächtnisse zurückerufen jene Sammler, die noch so verehrungswürdig sich bey der gelehrten Nachwelt verewiget haben. Nur dem wahren und ächten Geschichtsforscher sind sie heilig, und in anderer Händen, hier rede ich von denen sogenannten Halbgelehrten oder Schmetterlingen, würden dieselbe entehret werden.

Die geheime und so enge Verbindung der salischen Geschichte mit der Pfälzischen bewog mich zu dieser Beschäftigung, und ich weiß nicht, ob es wohl möglich seie, ohne sie unsere Vaterländische nach ihrem eigentlichen Verhältnisse gründlich zu behandlen; denn durchgründen wir den Ursprung der einen, so entdecken wir in der andern jene Wahrheit, ohne welche diese nie in ihr gehöriges Licht kann gesetzet werden. Daher die gewisse Folgerung, daß jeder Gelehrte, der die Geschichte

A 5   seines

seines Hauses beschreibt, auf die ganze des Reichs, öfters auch Anderer sein Augenmerk richten muß, um ihre Verbindungen mit Einander zu vergleichen, und das zu wählen, was der Seinigen vor andern den Vorzug geben kann, auf solche Art wird seine Geschichte nicht nur für diejenige, welche sie angeht, sondern für alle Lesende interessant und nützlich, und so verdient Sie in die Reihe vaterländischer Denkmäler gesetzt zu werden.

Nicht, daß ich dieses von der Meinigen fodre, sey sie nur eine kleine Skizze, welche uns lehren soll, daß wir paterländischer Geschichte vorzüglich unser Studium widmen sollen.

Erster

Erſter Abſchnitt.

Die Saliker als Volk betrachtet, ihre Grenzen, und die damit verwandte Nazionen, beſonders die Franken.

Ehe ich zur ſaliſchen Kaiſergeſchichte ſchreite, iſt es nöthig von den Salikern als Volk betrachtet, welches die merkwürdigſte Gegenden Teutſchlands bewohnte, welches mit den Franken unſerer rheiniſch-pfälziſchen Profinz faſt Eines geweſen iſt, und das ſich bis auf unſere Zeiten ſo ruhmvoll in alt angeerbter Teütsgröſſe erhielt, zu reden.

Fürwahr in der ganzen vaterländiſchen Geſchichte iſt kein Volk merkwürdiger, keines mehr zu bewundern, als eben die Franken. Billig kann man ihre Geſchichte Teutſchlands Wichtigſte heißen, ja, bey ihr fängt die ächte Aufklärungsepoche eigentlich an.

Volks=

Volkskenntnisse sind das Vorzüglichste jeder Geschichte. Lehren sie uns auf der einen Seite ihre Wesenheit kennen, so sind wir auf der andern durch eben diese Lehre im Stande ihre Grenzen desto genauer zu untersuchen, und in ein näheres Licht zu setzen.

Alle Volksanfänge sind dunkel, und klein ihre Entstehungen. So ist der **Franken** Schicksal. Aus mehreren kleinen Völkern entstande gleichsam der große Körper dieser so zu sagen alles umfassenden Nazion.

Zu Anfang des dritten Jahrhunderts traten sie in Bündnisse, die in der Zeitfolge zum Ruhm, zur Unsterblichkeit des Vaterlands sich so ehrenvoll ausdehnten.

Die fränkische Sale war einer ihrer ältesten Sitze. Dieser Gau war in dem Herzogthum Austrasien, und im neuen oder orientalischen Franzien a). Bey Königshoven

---

a) *Chron. Gottwicens.* T. II. libr. IV. pag. 755.

hoven im **Bisthum Wirzburg** entstand dieser **Fluß**, und ergoß sich bey **Gemünd** in den **Main**, welcher nachher diesem ganzen Bezirk den Namen des **Saalgaues** (*Saalgoov*) gab, und noch heut zu Tage der **Saalgrund** heißt a).

Allein

---

755. sqq. — *Havenbergii Histor. Gandersheim. Diplomat.* Differt. III. *de Missis Gandersheimens.* pag. 677. not. 1. sqq. — **Kremers Geschichte des rheinischen Franziens** 1 Abschn. pag. 8. et pag. 52. sqq.

a) Notus est *pagus Salageve*, à quibus *Francis Saliis* nomen constat autem hinc, *pagum hunc* situm fuisse inter *Salam Franconicam* et *Moenum*. *Palatium Salae Carolo M.* adamatum in eo conspicuum fuit prope *Neostadium*. ut *Francorum* ditio à *Sala Franconica* ad *Bodam* continuetur, necesse est, *pagum tunc Werrae* adsitum fuisse, qui olim *Wirraha* scribebatur. *Wirogeve* autem *pagus* extensus

Allein ein solcher Bezirk war für eine so kriegerische Nazion zu enge. Sie verliessen denselben, und die **Thüringer** wählten ihn, glücklich genug einer so erlauchten Nazion Nachfolger gewesen zu sein.

Würdigere Gegenstände mußten die erhabene Geistesnahrung eines so ganz teutschdenkenden Volks werden, und was sollte ihnen mehr angemessen gewesen seyn, als die so ehrwürdige **rheinische Gegenden**? Du großer Standtpunkt fränkischer Nazion! Noch so stolz aufle=

---

sus fuerit inter *Salogheve* et *Windogheve* in utraque *Werrae* ripa, ubi postea partim *Comitatus Hennebergicus* exsurrexit. *Wirogeve* sive *Werogavu* ad *Thuringiam* pertinuit. *Eccardus ad legem Salicam* in praefat. pag. 5. in notis sqq. Verglichen damit *ejusd. auctor. Commentat. de reb. Franc. oriental.* T. I. libr. II. pag. 24. sqq. — *Struvii Corp. histor. german.* T. I. period. III. §. XII. pag. 109. et 110. sqq.

auflebend in dem rheinischen Franzien, und dessen Erzfürsten der pfälzischen Kurfürsten.

Nun des **Rheins** Bewohner sollten auch andere Gegenden das Ziel ihrer Herrschaft werden. Vaterland! Allmählig fängt die große Katastrophe an, wo **Franken**, die eigentliche **Saliker**, die Stifter teutscher Hoheit so zu sagen werden. Nicht nur überwanden sie den Theil des **untern Teutschlands** (*germaniae inferioris*) welcher zwischen dem **Rhein** und der **Weser**, den Grenzen der **Friesen** und des **Lohnflusses**, der Bezirk der jenseits rheinisch- allemannischen Landschaft sind; sondern auch in das zweite **Germanien** oder **Belgische Gallien** einzudringen, war die einzige Beseeligung ihrer Volksbefriedigung a). Genug! Es mußte vollzogen sein! und die **Franken** die Unternehmer.

Solche

---

a) Ipsa *Francia*, postquam *Franci Germaniam, Saxonibus* exceptis devicissent, dividebatur

Solche glänzende Anfänge sind die Folgerung jener Fortgänge gewesen, deren Alles Nazionalvollkommenheit werden mußte.

Merk=

debatur in *occidentalem* atque *orientalem* five, quod idem erat *Regnum Neuſtriae et Auſtraſiae*, *Oſten Reich* et *Weſtenreich*. *occidentalis Francia* ſub ſe comprehendebat *regnum Franciae* proprie ſic dictum. *Aimoinus* prooem. hiſtor. Cap. V. has omnes provincias dum *Franci* occupaſſent, in duas tantummodo partes dividentes, eam quae *ſeptentrionem* verſus tenditur et inter *Moſam* et *Rhenum* eſt *Auſtriam*: illam vero, quae à *Moſa* ad *ligerim* uſque pertingit *Neuſtriam* vocaverunt. Sub *orientali* vero *Francia* comprehendebatur, quidquid *Franci* in *Germania* poſſidebant, et dum indies fines ſuos extenderent *Franci*, uſque dum *univerſam Germaniam* occuparent, inde ſub *orientali Francia* comprebendebatur omnis Germania. *Struvii Corp. hiſt. Germ.* T. I.

Merkwürdige Theilung, deren die eine diesseits des Rheins an der Maas und Mosel sich bis über den Rhein verbreiteten, wo das mächtige Ripuarische Reich gegen das Jahr 465. schien entstanden zu sein.

Der

T. 1. in prolegom. sect. 1. §. 30. pag. 15. not. 51. sqq. — *Thuringia* verò et *Germania* nunc synonyma erant. *Germania* haec sive *Thuringia* nunc divisa est in *occidentalem* sive *Hesperiam* et *orientalem*. Illa à *Francia rhenensi* ad *visurgim* aut *Werram* usque processit, et *Hassos*, *Thuringosque provinciae*, quae postea *Franconia* dicta est, incolas complexa est; haec à *Visurgi* aut *Werra* ad *Salam Albi* influentem sese extendit, et *Thuringos* nunc adhuc sic dictos comprehendit. *Ab Eckhart Commentat. de reb. Franc. oriental.* T. 1. libr. XXI. pag. 345. — *Schoepflini alsat. illustrat period. Roman.* T. 1. libr. II. §. 45. pag. 147. sqq.

Der Ripuarier Urwohnungen waren in dem ersteren Germanien sowohl, als im zweitern a). Sie muß eine der ansehnlichsten

---

a) *Ripuarii* à *ripa Rheni* sic dicta quamprimum in *prima* aeque *secunda Germania* possidebant. Deinde vero cum *superiora Burgundiones alamanni*, aliique *Germanici populi Romanis* eripuissent, et *inferiora Franci* occupassent, *Riparii à Seculo* fere *V.* à *Colonia* circiter *agrippina Moguntiam* usque extensi fuerunt, *versus occidentem Mosella, Mosa, Scaldi* et *Silva Carbonaria* terminati. Circa *Coloniam metropolim* ipsorum, quaedam et in *dextra Rheni ripa* habebant, *Rura Fluvio* inclusa. *Appendix Fredegarii* in gestis *A. DCCLXI. Duram* quae *Marcodurum* veterum est, in *pago Ripuerinse* sitam fuisse prodit. *Pagus* hic plures alios *minores pagos* sive *Comitatus* continuit. *Annales Bertiniani* ad *A.* 839. *Comitatum Condorusto, inde per cursum Mosae usque*

ſten teutſchen Völker geweſen ſein, da mehrere Nazionen ſich zu derſelben geſellten, denn die Grenzen des Ripuariſchen Gaues dehnten ſich ſehr weit aus, ſowohl auf der rechten als linken Seite des Rheins a). Jenes war ſeit 843. das Lotharingiſche dieſes das teutſche Ripuarien. Dort beſtand es aus fünf Grafſchaften oder Gauen, welche

uſque in mare, ducatum Ribuariorum, Wormazfelda, Sperohgouvi, ducatum Heliſatiae X. ubi Ribuarii Wormatienſibus et Spirenſibus, Alſatiaeque vicini videntur. Eccardus ad legem Ripuariorum pag. 207. in not. ſqq. — Ejusd. Auctor. Comment. de reb. Franc. oriental. T. I. libr. II. pag. 32. ſqq. et libr. XXIII. pag. 486. ſqq. — Struvii Corp. hiſtor. germ. T. I. period. III. §. XI. pag. 108. ſqq.

a) Kremers Geſch. des rheiniſch. Franziens 1. Abſchn. pag. 143. ſqq.

che schon in der Theilung des alten lotharingischen Reichs vom Jahr 870. vorkamen, und der Köllnergau, Gülchergau, Zülgichgau, Eiffelergau, und Archgau a), waren, die Grafschaft Bonn oder Bunechgau war unter dem Archgau mit begriffen. Achen war der Hauptsitz des lotharingisch-Ripuarischen Reichs, b) der eigentliche Ursprung unserer rheinischen Pfalzgrafen dessen nähere Entwicklung wir uns noch vorbehalten, da überhaupt vom Ripuarischen Gaue mein ehemaliger verehrungswürdiger Freund, der unvergeßliche selige Hofrath Kremer, den ich den Widerhersteller pfälzischer Stats-

---

a) *Eckhardi Formul. antiq. Alfaticae* pag. 233. tradit. 1. sqq. ubi inter alia: *quicquid haereditatis in Arguna possideo.*

b) *Chron. Gottwicens* T. II. libr. IV. pag. 751. *palatium Aquense, Archisolium, et sedes Regni Lotharienfis in Ripuaria. Annal. pithaeani* ad A. 881.

Statsgeschichte nenne, sehr gelehrt davon geschrieben hat: allein dieser Gau oder der eigentliche Ripuarische Dukat und die Provinz Wormazfelda oder Wormsgau stießen ohnmittelbar zusammen, a) auch der Trachgau gehörte zu dem Ripuarischen Gau, welches eine Urkunde Kaiser Otto des III. vom Jahr 996. bestätiget, wo schon oberhalb Bacharach b) das Herzogthum des rheinischen Franziens angieng. Ein merklicher Umstand zum erlauchten Alterthum unserer pfälzischen Geschichte!

Der andere Theil aber war der Zahlreichste, und durch die erhabene Volksthaten ohnstreitig

---

a) *Annal. Bertin.* ad *A.* 839. de *gest. Ludovici pii* in *Bouquett. script. rer. gallicar. et Francicar.* T. VI. pag. 202. sqq. cit. auct. T. IV. in praefat. ad *leg. ripuar.* pag. 232. sqq. id. T. V. in *Fredegarii Chron. contin.* part. IV. pag. 4. not. *h.*

b) eine heutige Kurpfälzische Oberamtsstadt.

tig der Vorzüglichste. Hier rede ich von den Saliktern, welche der Freisingische Bischof Otto a) die edelste Franken heißt. Der Römer Feinde, und durch teutsche Mannheit beseelt ihnen die Spitze zu bieten, ja Sieger zu werden, erstreckten sie sich von der Isala an den batavischen Grenzen nach und nach bis Kambrai, b) (versus cameracum)

---

a) Chron. libr. IV. Cap. 32. in *Urſtiſii ſcript. rer. Germ.* T. unic. — *Struvii Corp. hiſtor. Germ.* T. I. period. III. §. 14. pag. 111. ſqq. — Karl Philipp Kopp in seinen ausführlichen Nachrichten von der ältern und neuern Verfassung der geistlichen und Civil Gerichten in den Hessischen Landen. 1 Theil, 1 St. §. 16. pag. 22. ſqq behauptet, daß Hessen selbst noch im XII. Jahrhundert durch die salischen Gesetze seie regieret worden.

b) Erant *Salii pars Francorum nobiliſſima*, qui à *Saxonibus* primum ex *trans rhenana* sua *ſicambrica regione* expulſi immigrarant in *Bataviam inſulam*. *Foullon hiſtor. Eleodienſis* T. I. pars 1. libr. 2. pag. 65. ſqq.

cum) da endlich ihr Heerführer (Dux) Klodowich in Gallien des römischen Reichs ein Ende machte, und durch solche hohe That-handlung das fränkische Reich nicht nur stiftete, sondern auch ausserordentlich vermehrte. Allein je mehr und öfters die Franken aus dem Gestade des untern Rheins in das jenseitige wanderten, oder vielmehr dahin zu gehen gezwungen waren, desto leichter und geschwinder konnten ihnen die Sachsen nachfolgen, die daher einen guten Theil der fränkischen Besitzungen (agrorum Francorum) zwischen dem Rhein und der Weser einnahmen, da besonders die Angrivarier, und andere vom fränkischen Bund zu jenem der Sachsen übertraten, auch ohne Zweifel ihren Namen annahmen, so, daß die ripuarische Franken über dem Rhein jene Landschaft zwischen der Lippe und Sega oder Sieg (inter Lippiam et Segam) inne hatten, deren halber Theil kaum an die Sachsen kam.

B 4 Solcher

Solcher Verlust, anstatt daß er vielleicht die Nazion auf gewisse Art hätte demüthigen sollen, war er im Gegentheil Keim zur neuen Heldenmutsentwicklung. So durchstürzen gewaltsame Ströme Berge durch, und rauschende, schreckende Stärke schaft sie zu Flüssen um. Aehnlich dem glückweissagenden Schicksal der Franken. Der Schaden, welchen die Franken jenseits des **untern Rheins** litten, wurde durch jenen berühmten Sieg über die **Allemannier** bey **Zülgich** im **Jülichischen** (apud Tolbiacum) a) gleichsam mit verjüngten Kriegskräften ersetzet. Ein denkwürdiger Zeitpunkt! Ruhm beginnte auf das Neue. Ich nenne ihn den erlauchten Anfang

pfälzi-

---

a) *Ab Eckhart. Comment. de reb. Franc. oriental.* T. I. libr. III. pag. 44. et libr. X. pag. 170. sqq. — *Schoepflini Alsat. illustr.* T. I. libr. II. *alsat. Roman.* §. I. pag. 123. §. 117. et 118. pag. 430. sqq. — *Struvii Corp. hist. Germ.* T. I. period. III. §. 29. pag. 127. sqq.

pfälzischer Statsgeschichte. a) Die Vereinigung zweier Hauptvölker war hier der hohe Vaterlandspreis!

Das alte rheinische Franzien, b) welches auf beiden Seiten des **untern Rheins** lag,

---

a) Dieses ist deutlicher in meinem pfälzischen Volksdenkmal ausgeführt, welches ich meinem verehrungswürdigen, und eben sowohl redlichen, gelehrten, als liebsten Freund dem wirklichen Marggräflich Baden-Durlachischen geheimen Sekretär und beider Rechten Doktor Herrn Ernst Ludwig Posselt in sein wissenschaftliches Magazin zur Aufklärung zum Druck übersendet habe.

b) *Francia rhenensis* ehedem nach des Guido von Ravenna Beschreibung *Gallia Belgica alobrites* genant, neben Thüringen. In selbigem lagen die Städte Mainz, Kölln, Bonn, und es flossen darinn die Loyna, Niba, Dubra, Movit, Rura, Inda, Arnefa. Es enthielt demnach das Kurfürstenthum Kölln, etwas von Kleve, Mark, Bergen, Nassau, Darmstadt, Wetterau, Erpach,

lag, und ripuarischen Rechts war, wurde vom neuen rheinischen Franzien am obern Rhein, welches zuvor Allemannischen, jetzt aber salischen Rechts gewesen ist, abgetheilt. Von diesen obern Franken, die gegen Occident wohnten, waren die neustrasischen Franken unterschieden, deren König Regnomir ein Bruder Rachnachars bei Cenomannien von Klodowich getödtet wurde; und gegen Orient oder den Rhein die Franken, welche eigentlich Austrasier hiessen, die Klodowich als eine Kolonie der Saliker in das alte Allemannien führte. Diese Saliker

---

Erpach, und die übrigen pfälzischen Gebiete. *Francia Rhenensis*, in Gallien an der Mosel faßte die Städte Tull, Trier, Conbulantia, (Koblenz) und so weiter, dann überhaupt das jetzige Lotharingen, etwas von Champagne, Trier, Luxemburg und Lüttich in sich. — Ludwig Albrecht, Gebhardi genealogische Geschichte der erblichen Reichsstände in Teutschland 1 Band, 1. Theil, 1 Abschnitt, pag. 44.

ter also waren in fünf Völker abgetheilt, in die untern Franken, deren Führer Klodowich die übrige Fürsten seiner Nazion unterjochte, in jene, so an dem Meere wohnten (maritinos) in die Neustrasier, und in die obere Austrasier oder Orientalische a). So wurde endlich, nachdem Klodoväus der Große alle Franken seinem Reich unterworfen hatte, das Reich der Franken nach seinem Tode unter seine Söhne in zwei Haupttheile

---

a) *Chron. f. Dionyfii* libr. V. ap. *Bouquet*. T. III. pag. 281. Et li *François Auſtraſiens*, qui habitent vers le *Rhin* et Souveraines parties de *gales*. Noch in den folgenden Zeiten wurde Lotharingen auch *Auſtraſia ſuperior* genannt. *Vita ſ. Baſini Archiep. Trevirens. à Nizone abbate Mediolanenſ.* ſcripta *Saec. XI.* ap. *Bollandinos IV. Martii.* ap. *Cit. Auctor.* T. III. pag. 591. *Dux ex Ducibus Auſtraſiae ſuperioris*, quam nunc *Lotharingiam* nominant.

theile zertrennt, nämlich Austrasien und Neustrien. So wie nun Neustrien von dieser Zeit an ein dreifach getheiltes Reich bedeutete, welches von dem Maasfluß gegen Occident durch die untere Franken, die welche am Meere wohnten, und die Neustrasier, der Profinz zwischen der Loir und Saon (inter ligerim et sequanam) biß an Paris und an das Meer sich erstreckte, das neustrasische Reich genennt wurde, eben so hieß auch Austrasien jenes Reich, welches von der Maas an, sich durch die obere Franken, Ripuarier und Austrasier jenseit des Rheins erstreckten, ehedem das erstere Germanien (Germania Prima) nachher aber das teutsche Franzien oder das Alte. (Francia Teutonica et antiqua.)

Unsere Saliker, die wir nun als Volk betrachtet hatten, deren Vorzüge als Bewohner der wichtigsten Gegenden wir abhandelten, werden uns noch weit wichtiger, wenn wir sie
unter

unter jeder Geschichte ihrer Beherrscher mit noch herrlichern Zügen schildern, ja, welche geheime Verbindung sie mit unserer pfälzischen Geschichte haben, wird dabei mein Hauptzweck sein.

Zweiter Abschnitt.

Zustand der rheinisch-salischen Franken, oder eigentlichen Salikern unter den Beherrschern des teutschen Kaiserthums.

Um mit bestimmter Gewißheit diese Geschichte anzufangen, ist es nöthig, daß, ehe wir zu den eigentlichen salischen Kaisern kommen, noch einiges vom Reich, und dessen Ganzem, den verschiedenen Theilungen handlen, immer Absichten, um desto mehr Aufklärung über diese noch hie und da dunkle Geschichte zu verbreiten.

Der große Zeitpunkt mit dem ich anfange, ist jener, wo sich die **drei Brüder Lotar, Ludwig,** und **Karl** mit einander verglichen, und die schöne fränkische Monarchie in drei Reiche zerrissen hatten. So ver-

verherrlichend vielleicht Manchen diese Theilung scheinen mag, so weiß ich nicht, ob ich dieselbe nach meiner Einsicht auf eine sichere Art als schmälig betrachten soll, da das unsterbliche Werk, welches Karl der Große so männlich gründete, unter seinem schwachen Sohn Ludwig dem Frommen allmählig in seine stolze Ruinen zurücke sank. Allein war es schädlich oder vortheilhaft, ein Entscheid, den ich nach seinem Umfang hier nicht zergliedern will, aber das nehme ich mir vor zu beweisen, daß unsers rheinischen Franziens Größe, der Saliker Wesenheit und Ruhm dadurch vielleicht am Glücklichsten emporkam.

Lotars

Lotar I.

Nach der Schlacht zu Fontenai im Jahr 843. kam durch den Vergleich zu Verdun an der Maas im Erndtmonat eine Theilung zu Stande a). Lotar bekam ausser dem Kaiserthum, dem Reich, Italien und der Herrschaft über Rom, die bei den vorhergehenden Theilungen stets den Königen gemein geblieben war, Mittelfranzien oder was disseits der Alpen zwischen dem Rhein, der Saone, Maas,

---

a) *Pagus regni Lothariensis* in *ducatu Mosellanico* ad *fluvium Mosam*, qui ab urbe primaria *Viroduna* hodie *Verdun* in *Lotharingia* nomen habet, interque *pagos tullensem* et *Vabrensem* situs fuit. *Chron. Gottwicens.* T. II. libr. IV. pag. 835. — *Ab Eckhart Comment. de reb. Franc. oriental.* T. II. libr. XXIX. pag. 346. sqq. — *Struvii Corp. histor. Germ.* T. I. period. IV. pag. 196. sqq.

Maas und Schelde lag; a) und Ludwig der Teutsche Teutschland, damals Germanien, oder das eigentliche Ostfranzien, da Karl Westfranzien, das eigentliche Frankreich erhielt. Dieses Mittelfranzien, oder Lotars Reich faßte demnach, vermög des ältern Sprachgebrauches, den größten Theil des obern, niedern und ripuarischen Frankenlands, worinn Kölln nachher die Hauptstadt der Könige von dem ripuarischen Franken war, b) ferner das Herzogthum Burgund, und ein Stück von Gothland nemlich Provence, und seine Hauptstadt war Achen; das östliche Franzien wurde von der vorbeschriebenen mittelfränkischen Grenze,

---

a) *Annales Bertin.* ap. *Bouquet.* T. VI. pag. 199. — *Annal. Fuldens.* ap. *Cit. Auctor.* T. VII. pag. 160. sqq.
b) Kremers Gesch. des rheinisch. Franziens, 1 Abschn. pag. 23. sqq.

Grenze, dem Meere, der Eider, der Wartha, der Böhmisch-schlesischen Grenze, der Donau, Sau, und dem Drau eingeschlossen. Das größere Ostfranken aber, oder besser zu reden, das teutsche Reich theilte man in zwei Hauptnazionen, die Franken und Sachsen. Zu diesen letztern legte man die wendischen Nazionen bis auf diejenigen, die südlicher und östlicher als die Böhmen wohnten. Zu den Franken gehörten die Baiern, Thüringer, Allemannier, und Schwaben. Aber die eigentliche ostfränkische Nazion war genauer eingetheilt, in die alten austrasischen Franken, oder die Rheinfranken, in die Hessen in die jenseitigen Franken des Worms- und Speiergaues, und der Stadt Mainz, welche schon zu Römer Zeiten die bürgerliche oder weltliche Hauptstadt (metropolis civilis) und nach der darauf gebauten Regel der alten Concilien und Dekreten der Päbste auch die geistliche Metropole im ersten Germanien gewesen

gewesen war, worinn der mainzische Herzog (dux moguntiacensis) seinen Sitz hatte, a) deswegen war sie auch wieder im rheinischen Franzien, als der ersten und vornehmsten Profinz, des austrasischen Reichs die geistliche Metropole, und besonders unter dem teutschen Ludwig von ganz Teutschland; dann auch in die neuere Ostfranken, oder heutige teutsche Franken b). Unter diesen waren die Vornehmste die Rheinfranken, welche ihr Land zu dieser Zeit das Hauptreich (arcem regni) zu nennen anfiengen, und die

---

a) *Schoepflini alsat. illustr.* T. I. pag. 346. sqq.

b) Schon bey der Theilung Ludwigs des Frommen Söhne bliebe dieses Erzstift gleich bey Teutschland; und daher im Besitz der teutschen Erzkanzlerstelle. Er hieß *pontifex summus, pontifex maximus,* und hatte bey der Wahl des Königs allemal das erste Wort mit, wegen der *Franciae orientalis.*

Ditmar von Merseburg a) das vornehmste Volk heißt. (Populum primarium.) Es war der Sitz der salischen Herrn, des edelsten Hauses in Teutschland, aus welchem die Fürsten unseres rheinischen Franziens abstammten. Diese rheinische Lande waren deswegen die vornehmste Profinz des austrasischen Reichs, weil sie die königliche Profinz war, deren Verwalter und Stellvertreter des Königs (Procuratores regii) nachher *Camerae Nuntii*, und endlich Herzoge, auch vor den übrigen Großen des Reichs einen Vorzug gehabt haben.

Teutschland ward durch solche Theilung ein abgesonderter und unabhängiger Stat, und

---

Senkenbergs lebhafter Gebrauch der teutschen Rechte und Rechtssammlungen Cap. III. §. 63. pag. 153. sqq.

a) In *Leibnitzii Script. Brunsuic.* T. I. pag. 325. sqq.

und behielt den Beinamen Ostfrankenland. Ich nenne diesen Zeitpunkt des teutschen Reichs erstes Denkjahrhundert. Der Hauptsitz des Ostfränkischen Reichs wurde Frankfurt am Main. a)

Diesem Kaiser Lotar als König des mittlern Franziens gehörte nun der größte Theil der obern, untern und ripuarischen Franken; dann der meiste Theil von Burgund und Provence; da Ripuariens höchster Ruhm in dem bestand, daß in demselben der vorzüglichste und erste Pallast Achen darin lag, so wie ehedem Metz das Haupt des austrasischen Reichs gewesen ist, ja der Vorzug dieser Würde ist gewesen, daß Ripuarien der Stamm und Grundboden der

Karo-

---

a) *Chron. Gottwicens.* T. II. libr. III. pag. 473. sqq. — *Olenschlager ad aur. Bull.* §. 9. pag. 23. sqq.

Karolingischen Familie, welche von Pipin dem Heristaller herkam, war a).

Lotars letzte Handlung war Theilung seiner Staten unter dessen Söhne, worauf er starb im Jahr 855. b)

---

a) Hic ipse verò *Pipinus Heristallius*, ejusque Filius *Carolus Martellus*, ac nepos *Pipinus Nanus* avitum tenebant *ducatum Austrasiorum*, quo nomine id temporis etiam *Ripuarii* et *cis-* et *trans* *Rhenum* habitantes comprehensi fuere. cfr. *Chron. Moissiacens.* sub *Constantino*, *Constantini* filio, et *Annal. Metens.* ad *A.* 687:

b) *Annal. Bertinian.* ad *A.* 855.

Ludwig

Ludwig der Teutsche.

Nach Lotars Tod beherrschte Ludwig das Kaiserthum. Einer der wichtigsten Zeiträume für unsere salisch-rheinische Geschichte.

Fürwahr hier fängt jene Katastrofe an, wo des Vaterlands Ehre und dauerhafte Gründung das wurde, was so viele Jahrhunderte durch mit teutscher Mannheit mußte erhalten werden.

Ludwig der Teutsche erhielte das Reich der austrasischen Franken, jen- und diffeit des Rheins mit den vorzüglichsten Völkern, welche nachgehends den diffeitigen Theil des ripuarischen Franziens mit Hessen, das eigentliche sogenannte neue oder australische Franzien bewohnten, dann Sachsen, Baiern, Allemannien, und die übrige Provinzen.

Allein jene **rheinische Profinz**, welche die **Saliker** inne hatten, war die Vorzüglichste, und durch sie bekam das ganze teutsche Reich den Namen des **orientalischen Franziens**. Sie hatten ihre Hauptstadt und Pallast. Diejenigen, welche die Ersten nach dem Fürsten waren, wurden die Fürsten des **Volks**, **Prokuratoren** (das ich **Königsverweser** ausdrücke,) Herzogen **Markgrafen**, und die **mächtigsten Grafen der Franken** geheissen, so wie die **Könige** selbst nur **Könige der Franken** genent wurden.

So eine erlauchte Ehre mußte auch in allem unsern **fränkisch-salisch**, oder **rheinisch-pfälzischen Fürsten**, ja der ganzen Nazion vor all den andern Teutschen jenes hohe Ansehen ertheilen, das noch mächtig stolz in den nachherigen Regenten zum Ruhm des Vaterlands auflebte.

Ludwig der Teutsche war der erste selbstständige **König** der **Teutschen** oder östli=

östlichen Franken. a) Seit dem Jahr 829. fangen seine Regierungsjahre in dem orientalischen Franzien oder Teutschland an. b) Seine Unabhängigkeit wur-

---

a) Sattler in seiner Württembergischen Geschichte. T. I. IV. Absatz §. 16. pag. 454. muthmaset, daß Oberschwaben vorzüglich dieses Königs Gegenwart genossen habe, weil Ulm, Kaufbeuren, Bregenz, und Bodmen ein am Bodensee gelegenes Ort für kaiserliche Palläste angegeben werden.

b) Dieses bezeugen dessen Urkunden, besonders die Laureshamensische im *codice Diplomat. laureshamens.* T. I. *Nro.* 25. et 26. pag. 54. et 56. wo es heißt: Data VII. idus Ianuarii A. 834. regni I. Domini *Ludowici Regis in orientali Francia* indict. XII. Actum *Franconofurt palatio regio* in dei nomine feliciter Amen: Christe protege *Ludovicum regem.* Die Kurpfälzische Akademie der Wissenschaften, besonders

de durch den Verdunischen Vertrag 843. befestiget, und von dieser Zeit an hieß die Königliche Pfalzprofinz *Arx regni Francorum orientalium,* Frankfurt war der Hauptpallast. (Palatium Primarium Francorum.) Es war des Königs eigene Profinz, als obersten Herzogs der Franken, (summi Francorum ducis) und die oberste Pfalz darin besaß der obersten Reichspfalzgraf, oder auch Grospfalzgraf des Reichs, welches besonders der Franken Herzog gewesen ist. Als Erbkönig herrschte er nun in Teutschland, und

---

ders aber ihr beständiger Sekretär Herr Hofrath Lamei, dessen Verdienste um die Beschreibung der Gauen schon sattsam bekant sind, erwiesen durch diese Herausgabe der gelehrten diplomatischen Welt den wichtigsten Dienst. —— Siehe auch des würdigen Geschichtsforschers Herrn Professor Crollius in Zweibrücken Abhandlung *de Archiofficiis Secularibus imperii in Act. Acad. Theodor. palat.* Vol. V. hiſtor. die ich hier als wesentlich auszugsweise benutzte.

und über die freie **Teutschen** nach **Karolingischer Weise.** Er war nicht nur jener **Fürst,** (Princeps) der den **obersten Dukat** der **Ostfranken** führte, sondern auch der **Sachsen Fürst,** auf solche Art beherrschte er **Baiern** als ein **Karolingisches Patrimonialland**, und die der fränkischen **Kammer** (Fisco) zugewandte **Schwaben** und **Thüringer.** Die Franken waren das siegreiche Volk, von denen das Reich herkam, das erste Volk, das dem König die Königswürde gab im orientalischen Franzien. Die Sachsen, das im Jahr 803. den Franken unter einem König gleichgewordene Volk, waren also das andere Hauptvolk, das in dem Könige seinen obersten Fürsten verehrte, ja, diese beide Völker übertrafen die Andern an Würde und Freiheiten.

Im Jahr 829. a) trat **Ludwig** der **Teutsche** als **König** von **Baiern** die Regierung

---

a) *Ab Eckhart Comment. de reb. Franc. oriental.*

rung an, und schon im Jahr 833. erweiterte sich dessen Reich über ganz Teutschland. So herrschte nun Ludwig der II. als unabhängiger König über ganz Teutschland, nebst der diesseits rheinischen Profinz, und die Baiern wurden wieder durch einen Nordgau-ostfränkischen Markgrafen als Oberfeldherrn angeführt. b) Sein ältester Sohn Karle-

---

ental. T. II. libr. XXVIII. pag. 193. sqq. Siehe die gelehrte Abhandlung des P. Gregorius Geyers Benediktiners zu Nietten über ein seltnes Siegel K. Ludwig des Teutschen in den Abhandlungen der Bairischen Akademie der Wissenschaften, VII. Band, §. 26. pag. 330. sqq.

b) *Annal. Fuldens.* ad *A.* 849. und 857. Meichelbek *hist. Frisingens.* T. I. probat. dipl. *Nro.* DCCII. pag. 350. — Crollius Abhandlung *de Archioff. secular. imperii* in *Act. Acad. palat.* Vol. V. histor. pag. 359. sqq. Unter Ludwig dem Teutschen

Karlmann erst Präfekt in Kärnten ward Baierns König, da nach dessen Absterben dasselbe wieder mit dem teutschen Reich vereiniget ward.

In Wahrheit, je mehr wir die Geschichte dieses Kaisers bearbeiten, und dieselbe durchforschen, so finden wir den geheimen Zusammenhang desselben mit unserer salisch-rheinischen Geschichte. Ein Beweis, daß, indem wir die Denkmäler der einen Geschichte mit aufklärendem Licht hinzustellen suchen, wir auch zugleich immer mehr und mehr teutscher Größe und Vorzug näher tretten.

Allemannien und Schwaben, nachdem es keine Herzogen mehr gehabt hatte, war eine

---

schen war seit 831. ein Graf Ernst im Nordgau, und in den Jahren 849. und 855. bis 861. als *ductor Bavariorum* sichtbar.

eine der fränkischen Reichskammer zugehörige Profinz, die durch königliche Missen, oder Kämmerer verwaltet wurde. Durch Vergünstigung seines Vatters hatte dieser Ludwig der Teutsche auch das Elsas unter seiner Verwaltung gehabt, welches er aber wieder durch die Verdunische Theilung verlor. a).

Ich weis nicht, ob diese Regierung wegen dem großen Glück, das dieser Kaiser hatte, dem teutschen Reich eine der Wichtigsten gewesen ist: Es scheint, daß dieser Zeitpunkt jene hohe Vereinigung gewesen seie, durch welche das Vaterland zur wahren Größe gelangen sollte.

Durch die Theilung des Lotaringischen Reichs im Jahr 870. gewann er dessen
östliche

---

a) *Regino ad finem A.* 876. *porro Carolus* (sortitus est) *Allemanniam, et aliquas civitates ex regno Lotharii.*

östliche Helfte, da sein Sohn Ludwig die westliche Helfte erfochte. Ohnerachtet der Vereinigung des Lotaringischen Reichs mit dem Teutschen unter einem Könige blieb doch dasselbe ein eigenes vom teutschen Reich unterschiedenes Reich, welches seine eigene Metropole zu Trier hatte, seine oberste Pfalz zu Achen, und seine eigene Herzogen oder Großeneschallen und Pfalzgrafen.

Auch die Völker, die immer mit dem Statskörper und dessen Regenten die geheimste, aber auf eine sichere Art desto nöthigere Verbindung haben, deren Werth, Vorzug und Ruhm gleichsam der wirksamste Trieb zur Monarchen= und Statenverewigung ist, hatten bei der Zergliederung der fränkischen Monarchie, und der Entstehung eines selbstständigen Reichs den wichtigsten Antheil. Die Franken, Sachsen, Baiern, und Allemannen waren die Hauptvölker, deren große

große Landschaften als Bestandtheile des teutschen Reichs sich in Reiche, und erstere Herzogthümer (regna et Ducatus) bildeten. Ein wesentliches Nazionalmerkmal, Teüts Männer die Schöpfer!

So wie des teutschen Reichs und dessen Könige Größe beginte, so stieg auch jene ihrer Krongroßfeldherrn oder Seneschalle, ein beständiger Vorzug der Herzoge der Franken, und ihrer Nachfolger der Großpfalzgrafen bei Rhein. a) Du stolzes Vatterlands-

---

a) So wie der *Comes palatii* und *Seneschallus*, oder nachher *Archidapifer* zu Zeiten der Merovinger zwei verschiedene Personen und beide Oberbeamten der Krone und des Reichs, höhere, geheime, und Reichsräthe waren, so wie auch der *Cammerarius pincerna* und *Comes Stabuli*. Im teutschen Reich wurden die beiden Würden der Erzpfalzgrafen und Erztruchsessen mit einander in den Herzogen der Franken, und später in

landsdenkmal, so ruhmvoll in Jahrhunderten eralternd, und dem Gedächtnisse biederer Pfälzer noch ehrwürdig!

Unter den Kronbedienten und Feldherrn war dieser Großseneschall in Ansehung seiner Bedienung und Würde der Erste. Bei feierlichen Höfen und Krönungen hatte er die vorzüglichste Ehre, im Krieg war er der erste Signifer, der Kron = und Reichsfeldherr. a) (Princeps militiae.) Bei den Saliern

---

in dem Pfalzgrafen bei Rhein verbunden. Nachdem sie wieder in neuern Zeiten getrent worden, so behielt der Erztruchses den Reichsapfel, und der Pfalzgraf hätte das angeführte *Insigne* führen können. Crollius von den Landpfalzen in den Abhandlungen der Bairischen Akad. der Wissensch. 4. Band, 2. Abtheil. §. 4. not. 3. pag. 89.

a) Schon dieses Amt geben die Spiegel dem rheinischen Pfalzgrafen oder der nachherigen

likern bestand die Stärke des Heeres im Fusvolk, a) und deswegen kann man den Seneschall unsern heutigen Generälen der Infanterie gleich halten, jedoch in weit höherer Stufe; denn, wann der König nicht selbst das Heer anführte, war er der Hauptmann, oder Generalissimus. Vor dem Heere zog er her, und führte die *Hastam Signiferam* als Hauptfahne, daher hieß er der oberste Fahnenträger. (summus Signifer.) b) Diese große Kron- und Reichsämter

---

gen Kurpfalz. Senkenbergs lebhafter Gebrauch der teutschen Rechte und Rechtssammlungen. Cap. III. §. 67. pag. 164. sqq.

a) Mascov Geschichte der Teutschen. Cap. XVI. §. 38. sqq.

b) *Du fresne glossar. med. et inf. latinitat.* T. III. part. II. Col. 193. Vom Wort *Seneschallus.* sqq. — *Crollii Dissert. de Du-*

ämter in Teutschland hafteten auf den vier großen Völkerschaften und Herzogthümern, wie solches von den Zeiten Ludwig des Teutschen erhellet, a) nur ihre Hofdienste bei feierlichen Krönungen und Höfen blieben als Merkmale noch übrig. Solche Verrichtungen waren Verherrlichung königlicher Hoheit, und sind Zeugen des erlauchten Ursprungs der großen Herzoge teutscher Völker. Ausser diesem glänzenden Krondienste
waren

Ducatu Franciae rhenensis in *Act. Acad. palat.* Vol. III. Histor. pag. 446. - 450. Cit. *Auct. Dissert. de archioff. secular. Imper.* in *allegat. act. acad.* Vol. V. histor. pag. 349. sqq.

a) Schon von den Zeiten Ludwig des Teutschen besagen es gewissermasen die *Annales Fuldens* unterm Jahr 852. Rex — cum principibus et praefatis provinciarum publicis caufis litibusque Componendis insistens.

waren sie Feldherrn, Legaten, oder Markgrafen, die seit dem X. Jahrhundert in Teutschland mit der Herzogswürde prangten, und Königen ähnlich waren. Die Geschichte dieser Regierung gedenkt keiner, welche als Truchseſſen, Marſchalke, und Kämmerer ihr Amt am Hofe verrichtet haben. Nur als königliche Ministerialen müſſen ſie daher betrachtet werden. Allein eine Urkunde vom Jahr 858. entdeckt unter Ludwig dem Teutſchen einen, der ſich Wippo nannte, den er ſeinen treuen Schenk (fidelem pincernam) heißt, und ihn berechtiget, einen Gütertauſch mit dem Abt Wippo von Metmen oder Medem in Baiern zu treffen. a)

König

---

a) *Monument. Boica* Vol. XI. *Dipl. Mettens.* Nro. III. pag. 424. Der königliche Schenke Wippo hatte eigene Güter zu Citſtraha im Duonechgau und vertauſchte die gegen

König Ludwig der Teutsche hatte in seinem neuen Reiche viele geistliche und weltliche Stände, allein untern Letztern noch wenig große Herzogen. In Ostfalen, oder dem südöstlichen Sachsen, war im Jahr 843. **Ludolf,** a) und in **Westpfalen Cobbo.** Dieses Ludolfs Bruder Herzog, und der Letzte verwaltete zugleich das Stift **Osnabrück.** Friesland hatte, so weit es zu Ludwigs Land gehörte, gleichfalls einen Herzog. In **Thüringen** herrschte als Herzog und **Markgraf** (Marchio) der sorabischen Grenzen **Thaculf.** Das rheinische Fran-

---

gegen andere des **Klosters Wiedem** in eben diesem Gau. Data IV. Nonas Februarii Anno XXVI. Regni *Hludovici Serenissimi Regis in orientali Francia* indictione VI. Actum *Regensburc* civitate regia in Dei Nomine feliciter Amen.

a) *Harenbergii hist. Dipl. Gauderjheimens.* in Commentat. hist. de *Ludolfo Saxoniae orientalis duce.* §. 20. pag. 33. sqq.

Franken, welches das erste und vornehmste Herzogthum war, wurde vom König durch Missen (Missos) und Markgrafen (Marchiones) beherrscht, denn nach dem Tod des austrasischen Herzogs und Grafen zu Metz Adelbert, oder seit dem Jahr 841. war der König selbst Herzog dieses Lands.

Allemannien und Schwaben hatte seit dem Jahr 768. keine Herzogen gehabt, und die Länder Baiern, Kärnten waren bisher besondere Königreiche des nunmehrigen fränkischen Monarchens gewesen. Daher waren in diesen dreien Profinzen die Regierungsgeschäfte auch den Missen und Grafen anvertraut, und in Baiern blieb der Pfalzrichter des bairischen Hofes Fritilo, der bald Pfalzgraf in Baiern, bald aber Pfalzgraf in Teutschland genennt wird. Da sich nun die bairische Pfalz zu den rheinischen Franken wandte, so hat Ludwig der Teutsche seinen vorher bairischen Pfalzgrafen allem

allem Anſehen nach mit der Reichspfalzgraf=
ſchaft gewürdiget. Pfalzgraf Fritilo war
es in den Jahren 843. und 845. a) Er
lebte noch als Pfalzgraf im Jahr 855. b)
Sein Nachfolger war Ruodolt. Allein die=
ſer wurde nach dem Fall des Herzog Ernſt

---

a) Adfuerunt *teſtes per aures tracti ſecundum
legem Bajovvariorum*, *Fritilo palatinus
Comis*, *Cundpald Comis*, *alius Cundpald Comis*, *Ratold Comis*, et alii plures. Anno incarnat. Dom. DCCCXLIII.
indict. VI. Actum die X. Menſis VIII.
hoc eſt IV. idus Auguſti. *ab Eckhart Commentat. de reb. Franc. oriental.* T. II.
libr. XXX. pag. 367. — Crollius Ab=
handlung von den Profinzial = Pfalzgra=
fen in den Abhandlungen der bairiſchen
Akademie der Wiſſenſchaften, 4 Band,
pag. 67. not. F.

b) Siehe die Freiſingiſche Urkunden bei *Meichelbeck*. Nro. 817. pag. 381. ſqq.

im Jahr 861. als Markgraf gegen die Böhmen bestellt, und war Beschützer dieser Theilen, (tutor. partium illarum) im Jahr 869. und 872. Nach diesem besaß die fränkische Pfalz Erluin, der in einer fuldischen Urkunde vom Jahr 874. a) allen Grafen vorgeht, und bei Frodoard b) wegen seiner Bereitwilligkeit die Güter des Erzstifts Rheims im Worms= c) oder Nohgau

---

a) *Schannat in dioecesi Fuldens.* pag. 239. *Erluinus aulicus praeses.*

b) *Histor. Remens.* libr. III. Cap. 23. pag. 532. — *Crollii Citat. et jam laudata Dissert. de Archioff. secular. imperii* in *Act. Acad. palat.* Vol. V. histor. pag. 346. in not. n.

c) Diesen Erluin finde ich in einer Schenkung, wo sie für ihr Seelenheil dem heiligen Nazarius LXXX. jurnales de terra aratoria, et de vineis vjjj. Carradas, et de pratis ad vj Carratas x. geben in dem *Codice Diplomat. laureshamensi* T. II. Nro. MDCCCLXXXV. pag. 321. sqq.

gau zu schützen gerühmt wird. Vom Jahr 889. bis 910. besaß sie der große Graf Gebhard, nach dessen Tod sein Neffe Eberhard die Pfalzgrafschaft (Comitatum palatii) mit dem Herzogthum Franken (ducatu Francorum) vereinigte. Gegen die Hungarn deckten die bairischen Grenzen Rapoto Markgraf von Oesterreich, welcher bald Graf der avarischen oder donauischen Grenze, (comes limitis avarici sive danubiani) bald aber Herzog heißt, und ausserdem ein Markgraf an der Sau und Saane dessen Herrschaft sich vermuthlich bis an den Raab erstreckte.

In Thüringen und Sachsen war ein abodritisch = linonischer, und ein sorabisch= wilgischer Markgraf, und zwischen der Eider und Elbe fand man viele kleinere Markgrafen. a)

---

a) Gebhardi geneal. Gesch. 1 B. 1 Th. 2 Abschn. pag. 143. sqq.

Solche wichtige und höchst schätzbare Vortheile genoß Teutschland, besonders aber unsere rheinisch-salisch-pfälzische Geschichte unter diesem Kaiser, die uns berechtigen, daß wir sie hinstellten, diese Denkmäler der Aufklärung teutscher Geschichte so nützlich und ohnentbehrlich.

Ich sage nicht zu viel, wenn ich behaupte, daß zu besserer Beleuchtung der teutschen Kaiser- und Reichsgeschichte die Zergliederung der salischen Geschichte als der beträchtlichste Theil dazu vielleicht gehöre. Hier ist der Ort nicht genauer darüber zu schreiben, allein bei wahren und gelehrten Geschichtforschern und Diplomatikern wäre es unnöthig, sich deswegen zu vertheidigen, da dieselbe wohl wissen, und durch stetes Forschen von der ohnleugbaren Wahrheit zu sehr überzeugt sind, wie enge jede einzelne Geschichte mit der ganzen des Reichs zusammenhänge, und diejenige, welchen das Studium pfälzischer Statsgeschichte ihre schöne und
lobens=

lobenswürdige Beschäftigung ist, wie sind wohl diese im Stande, sie mit Grund zu erforschen, ohne die salische Denkmäler zu kennen, denn nach näherer Erörterung derselben können wir sie die ächte Urquelle unserer pfälzischen Geschichte heißen.

Ist wohl ein erlauchterer Vorzug jeder Hausgeschichte, als wenn ich gründlich erweisen kann, daß kaum ohne sie eine andere Geschichte bestehen kann, wahrhaft eine stolze Ueberzeugung, wenn ich sage: meine vaterländische Geschichte ist das Licht der Aufklärung anderer, sie ist die Kette, die das ganze Wesen erhält, ja, die allesumfassende Seele, deren Lebenseintheilung gleichsam anderer Vorzug und Ruhm ist. Und dieses ist unsere salischpfälzische Geschichte, deren deutlichere Entwicklung unter den folgenden salischen Beherrschern des teutschen Kaiserthums noch mehr meinen Satz bestärken wird.

Karl

Karl der Dicke.

Der Fall ist merklich, daß immer Söhne wenn sie des Vaters Nachfolger geworden sind, kaum im Stande waren, die Stiftung ihrer Reichsvorfahrer, so wie Sie diese gründeten, zu erhalten. Bei Karl dem Dicken ereignete sich das nemliche.

Durch die väterliche Erbschaft, und die darauf erfolgte brüderliche Theilung erhielt er Teutschland, (Allemannien) nebst einigen Städten des lotaringischen Reichs. a)

Unsere salische Geschichte, welche auf eine sichere Art als wesentliche mit jener des Reichs verknüpft ist, hat wie diese auch eben jene Schicksale. Des Reichs Epoche war
schmählig

---

a) *Chron. Reginonis* ad A. 876.

schmählig, und jene der salischen Geschichte nicht so, wie sie hätte sein sollen. Immer ein Beweiß ihrer nöthigen und ohnentbehrlichen Verbindung.

Markgraf Heinrich war noch der Franken Herzog (dux Francorum) und wahrer Grosseneschall aller teutschen Franken gewesen, bis er im Jahr 886. gegen die Normannen in Frankreich sein Leben verlohr, und mit ihm des Kaisers Stütze fiel. Dieser normännische Feldzug war der traurige Fall, der Karls Ehre, des Kaiserthums Sturz, und der Stände Achtung gegen ihn nach sich zog. Er, wieder Monarch der sämtlichen alt fränkischen Staten da sich im Jahr 884. die Westfranken ihm unterwarfen, war nicht Mann genug, des Reichs Ruhm zu erhalten. So sind Fürsten des Stats Untergang, wenn Unwissenheit und Schwäche ihre Trügtugenden sind, wodurch sie der Höflinge Ball werden; die Früchten,

warum

warum er im Jahr 888. auch im Gefängnisse sein Leben endigte. a)

Nach dieses Heinrichs Tode folgte ihm in der Mark Ostfranken als Präfekt oder Markgraf sein ältester Sohn Adelbert, ein Neffe des thüringischen Herzogs Poppo. Allein Karls Entsetzung änderte die Scene, und mit ihr den alten Glanz unserer salischen Geschichte.

Fürwahr allzeit ein betrübtes Denkmal, wenn Beherrschern Mannheit fehlt.

---

a) *Chron. f. Benigni divionensis* in *d'Achery spicileg. Veter. scriptor.* T. I. pag. 427. sqq.

Arnulf.

Um **Karls** schmähliges Andenken zu vergessen, und wieder die altstolze Denkmäler salischer Statsgeschichte herzustellen, mußte **Arnulf** ein Fürst voll teutscher Mannheit und tapfern Muths des **Kaiserthums** Nachfolger und des **Reichs** Beherrscher werden.

Mit dieser Regierung fängt die ohnunterbrochene Reihe der salischen Geschichte in ihrem völligen Glanz an, ja, wir sind jetzt auch im Stande unserm Zweck jene Grenzen zu bestimmen, daß wir mit Recht behaupten können, der **Saliker** Denkmäler sind des Vaterlands vorzüglichste, ihr Ruhm, ihre Unsterblichkeit **Germaniens** Andenken würdig.

Arnulf war **Karlmanns** natürlicher Sohn. Ein seltnes Geschicke, daß sich in ihm so ruhmvoll das Karolingische Geblüth vereinigen mußte! Die Teutschen hatten Arnulf nicht

nicht durch ordentliche Wahl, sondern mit Verlassung Karl des Dicken zum Beherrscher erhoben, den aber der von den Westfranken zum König gewählte Odo, und der burgundische neue König Rudolf als ihren Oberkönig verehrten, da ihn nachher auch Italien als Kaiser erkannte, und im Jahr 896. wurde er als Kaiser vom Papst Formosus Stefan des *V.* Nachfolger gekrönt. Auch ein verherrlichender Zeitpunkt für unsere salisch = rheinisch = pfälzische Geschichte.

Die Franken und Sachsen erkannten ihn zuerst, ja unter Arnulf erhoben sich noch zwei andere fürstliche Häuser, die mit dem ostfränkischen Markgrafen Adelbert wetteiferten.

Nach dem König der Erste zu sein, war die Ehre, der hohe Preis, um welchen die fränkische Fürsten kämpften. Vaterland! So ein Ehrenkampf ist wahre Nazionalverherrlichung!

Unter

Unter diesem Kaiser zeigte sich in dem rheinischen Franken ein salischer Fürst, besonders in dem Worms- und Nohgau als Verweser (Procurator) der Könige; a) ja die Profinz an der Lahne war die glückliche Erzeugerin der Söhne des Grafen Udo des I. und Enkel des Großgrafen Gebhard des I.

Im Jahr 889. war schon die oberste Pfalz der Franken bei diesem Hause, und zwar

---

a) Itaque exeunte *Seculo IX. Francia omnis Teutonica* suos revereri caepit *prdesides* sive *camerae Nuntios*, quemadmodum *Allemannia*. *Crollii* Dissert. *de ducatu Franc. rhenens.* in *Act. Acad. palat.* Vol. III. histor. pag. 400. — *Cit. Auctor.* Dissert. *de Archioff. secular. imper.* in allegat. *Act. Acad. palat.* Vol. V. hist. pag. 372. sqq. — *Ab Eckhart Comment. de reb. Franc. orient.* T. II. libr. XXXI. pag. 717. sqq.

zwar dem Grafen Gebhard dem II. einem Bruder des berühmten Konrad des Aeltern. Dieser Gebhard ward zugleich Vorsteher (Praeses) oder Graf in der Wetterau, dem Rheingau, und Nidgau, worin Frankfurt als der vorzüglichste und erstere Pallast (palatium primarium) lag. a) Dieser Udo oder Otto wurde der Stammvater des berühmten salischen Geschlechts, dann die salischen Brüder Konrad, Eberhard, Gebhart und der Bischof von Würzburg Rudolf waren allen Umständen nach die Söhne

---

a) *Andraeae Lameji in descript. pagi rhenensis* in *Act. Acad. palat.* Vol. II. histor. pag. 184. sqq. welcher von ihm als Grafen im obern Rheingau, seinem Sohn Udo, und Enkel Konrad als Nachfolgern in dieser Grafschaft handlet. — *Falke Codex Tradit. Corbejus.* part. III. §. 216. pag. 379. et part. XII. §. 409. pag. 647. sqq. — Wenk's Hessische Landsgesch. 1. B. 2 Abschn. §. XVII. pag. 185. sqq.

Söhne des Udo, oder wenigstens seine weibliche Nachkommen und die Erben seiner Länder. Die Würde eines fränkischen weltlichen Primaten oder Herzogs der Franken war damals noch keinem dieser fränkischen Präfekten zu Theil, weil der mainzische Erzbischof Sundarold oder Gunzo, so wie dessen Vorfahrer Luitbert unter Ludwig dem Teutschen den Primat bei einem Feldzug gegen die Normannen im Jahr 891. führte, worin er sein Leben verlor. a) Hatto sein Nachfolger war einer der vorzüglichsten Statsbedienten (ministrissimus) Kaiser Arnulfs. Zu eben dieser Zeit verwalteten Markgraf Adelbert das orientalische Franzien oder Franken, und das occidentalische oder rheinische Graf Werinher

---

a) *Regino ad h. a.* — *Eckhart Comment. de reb. Franc. oriental.* T. II. libr. XXXI. pag. 721. bemerkt: *Sunderoldus* ergo nunc vice ducis Franciae functus est.

her, welche nach Zeugniß des St. gallischen Mönchs Ekkehart des Jüngern den Hatto stürzen wollten. (Hattonem perdere moliebantur.) Allein Hatto trotzte seinen Feinden, und war Freund zu dem ohnehin mit dem Kaiser Arnulf Verwandten Lohngauischen Hause. Bis in das Jahr 892. versah der junge Markgraf Adelbert die fränkische Feldherrnstelle noch nicht selbst, sondern er hatte seinen Oheim den thüringischen Herzog Poppo, a) und den würzburgischen Bischof Arno, als damalige Vormünder des Grafen, (Tutores comitis) zum Vorstand. Herzog Poppo suchte den Bischof zu überreden, im Jahr 892. einen Feldzug gegen die Sklaven zu unternehmen, dieser verlor die Schlacht, und auch das Leben. Nun seiner Würde entsetzt, folgte der Lohngauische Graf

---

a) *Cit. auct.* alleg. T. et libr. pag. 709. *Poppo* hic memoratus fuit *Thuringiae dux*, et *pagi Grapfeldici comes*.

Graf Konrad der ältere im Dukat der Thüringer ihm nach), welcher im Jahr 897. das rheinische Franzien als ein neues Herzogthum bekam, und dessen Bruder Rudolf im Hochstift Würzburg a) Allein Konrad vertauschte diesen Dukat gegen das Präsidat der Hessen und Engern.

Solche in ihrer Art wichtige Thathandlung erregte Eifersucht des Markgrafen Adelberts, und seiner Brüder gegen Konrad, den obersten Pfalzgrafen Gebhard, und ihre Brüder, den Grafen Eberhard, und Bischof Rudolf.

Arnulfs Tapferkeit, und ich drücke mich nicht zu viel aus, des Kaisers Majestät schreckte sie, und es erfolgten nicht einmal offenbare Befehdungen. Hatto war des Kaisers Freund, und dieses war Kränkung genug der beiden Präfekten Werinher und Adelbert, die

---

a) *Id. auct.* alleg. T. libr. XXXII. pag. 730. sqq.

die Triebfeder. Hattos Feinde zu werden; aber um das Jahr 900. starb Werinher, und hinterlies zwei Söhne Werinher und Konrad, die die väterliche Grafschaften theilten, doch keiner von ihnen erhielt eine ganze Präfektur. Allein Arnulfs Tod, a) welcher im Jahr 899. erfolgte, änderte vieles, seinen siebenjährigen Sohn Ludwig das Kind genannt, erwählten die Stände zur Reichsnachfolge, und auch dieser starb ohnvermält gleich nach seinem so würdigen Vater.

Merk-

---

a) Eodem Anno 29. *Novembris* obiit *imperator Arnulphus*, tresque Filios reliquit *Zuentiboldum*, et *Arnulfum malum*, nothos ex concubinis susceptos, et *Ludovicum* ex legitima uxore natum. *Montfauçon Monument. Monarch Francic.* T. I. pag. 317. sqq. — *Eckhart de reb. Franciae oriental.* T. II. libr. XXXII. pag. 785. sqq.

Merkwürdig ist, daß dieser Kaiser dem Kochengau, und den weiter hinaus zwischen dem Kocher und der Jaxt gelegenen Mulachgau zum orientalischen Franzien rechnete. a)

Es würde überflüßig sein, wenn ich die genaue Verbindung, und die wichtige Eräugnisse dieser Regierung mit der salischen Geschichte hier noch mehr erweisen wollte, das ich nach Zwecke des Gegenstands sattsam that. Genug, je mehr wir forschen, desto wichtiger wird meine noch fortdaurende Beschäftigung, da die folgende Regierung vielleicht diesen mir so erhabenen Gegenstand noch weit mehr beleuchtet.

a) Kremers Geschichte des rheinischen Franziens, 1. Abschn. pag. 44. sqq.

Konrad der I.

So wie ein Krieger, wenn er trotz all des hohen Muths und vaterländischen Geblüts voll, den stolzen Koloß vom schmäligen Sturz retten will, — und noch nicht kann, — und, wenn er kann, als Mann, als teutscher Fürst, die hohe That vollbringt! — So war Konrad fränkisch-salischen Stams ein Mann. Nennen wir ihn den Erretter des allmählig sinkenden Reichs.

Kaiser Konrad der I. war ein weiblicher Nachkommen des in Teutschland erloschenen Karolingischen Hauses, a) und Herzog im rhei-

---

a) Die ältesten salischen Ahnen sind in der Gegend der Lahne zu suchen. Sie breiteten sich in ihren Besitzungen nach und nach am rechten Ufer des Rheinstroms aus, so daß im X. Jahr-

rheinischen Franken, oder Markgraf von Ostfrankreich. Als Herzog der Franken und

Jahrhundert diese ihre Besitzungen von den westfählischen Grenzen bis an den Neckar sich erstreckten. Die vorzüglichste Gauen waren folgende: der Oberrheingau, der Königsundra, Nied, — Wetter, — Ober- und Unterlahngau, der Haiger, Engers, und Einrichgau. Martin Kremers Nassauische Geschichte, part. I. histor. §. 2. pag. 5. et 6. und dessen vortreflichen Bruders des Jakob Kremers Geschichte des rheinischen Franziens, I Abschn. pag. 103. III. 116. 119. 120. 123. 126. 136. und 142. sqq. — Schon gegen Ende des IX. Jahrhunderts finden wir die salisch-Konradinische Familie, der so viele Gauen unterworfen waren, auch im Besitz des Oberrheingau. Unter den ältesten bekannten Anherrn dieses hohen Hauses ist Gebhard der Vatersbruder König Konrad I. der erste erwiesene salische Graf des Oberrheingau. Seine beiden Söhne waren Udo und Hermann, der ältere erhielt den Oberrheingau, und die Wetterau, und der jüngere wurde Herzog in Schwaben. Beide Brüder waren treue Anhänger

und Vormund des Reichs (tutor regni) wurde er zum ersten Fürsten der Franken und des Reichs erhoben. b)

Bei

---

hänger Kaiser Otto I. Der Kaiser belohnte den Udo auch dadurch, daß er ihm seine Aemter und Lehen wie eine Erbschaft unter seine Kinder zu theilen erlaubte. Folgender Auszug der Stammtafel des salischen Geschlechts wird die Sache am besten beleuchten, welche ich aus Wenk's Hessischer Landsgeschichte, 1 Band, 2 Abschnitt, §. 19. pag. 200. und 201. hier auch anführe:

Gebhard Graf des Niederlohngau 832. 845. 879.

Udo oder Otto 879. Graf des Niederlohngau.	Bertholf 879.	Berengar 879.	Waldo 879. Abt zu St. Maximin.
Konrad Graf in Hessen † 906.	Eberhard Graf des Niederlohngau † 902.	Gebhard Graf in der Wetterau und dem Oberrheingau. † 910.	Rudolf, Bischof zu Würzburg † 908.

Konrad

Bei erledigtem Reich, oder, wenn die Könige ohne Erben starben, waren die fränkische

Konrad I. König † 918.	Eberhard, Herzog in Franken, † 939.	Otto, Graf im Oberlohngau 912.	Konrad Kurzpold, Graf im Niederlohngau † 948.	Udo, Graf der Wetterau und des Oberrheingau † 949. Herrmann, Herzog in Schwaben † 949.
Gebhard † 938.	Udo † 932.	Konrad Graf im Oberrheingau und Herzog in Schwaben † 997.		Heribert Graf in der Wetterau † 997.

Her-

kische Herzogen die erste Thronkandidaten. Sie sind nemlich königliche (regales) gewe=

| Hermann Herzog in Schwaben † 1004. | Gebhard Graf in der Wetterau † 1016. | Otto von Hammerstein † um das Jahr 1036. |

Konrad des I. Geschlecht beschreibt in folgender hier nöthigen Stelle *Eckhart de reb. Franc. oriental.* T. II. libr. XXXIII. pag. 824. *Chuanratus* verò *dux* genitorem habuit *Conradum comitem. Conradum* et *Eberhardum, Gebehardum* quoque et *Rudolphum Episcopum Wirceburgensem* Filii *Werinharii comitis* et *Missi*, sive *camerae regiae procuratoris* in *Francia Germanica* fuerunt, ad haec Familia ae *Warino comite camerae regiae in Allemannia procuratore* et *S. Othmari* persecutore descendit. In *Francia* vero *orientali* sive *Franconia* bona quidem avita non secus ac in *Hassia* et *Rheno* vicina regione habuit *Conradus.*

Der

gewesen, und wenn der Kremonensische Bischof Luitprand c) von König Konrad I.

Der nemliche gelerte und angezogene Geschichtschreiber stellt uns auch folgende Verwandtschaftstafel mit dem Karolingischen Geschlecht hin, die ich ebenfalls beifüge:

Ludovicus pius imperat.

Ludovicus I. Germaniae Rex	Gisela, uxor Eberhardi Marchionis et ducis Forojul.	
Carolomannus Rex.	Iuditha uxor Werinherii comitis.	Heilwich vel Hadwigis uxor Ottonis Saxoniae ducis.
Arnulfus imp.		
Ludovicus III. Rex Germaniae.	Conradus comes ✝ 905.	Eberhardus comes ✝ 902.	Henric. dux Saxoniae, et postea Rex.

Con-

I. redet, so nennt er sie **Erben,** und der königlichen **Würde Verweser.** (heredes regiaeque dignitatis Vicarii.)

Wurden

| *Conradus* dux, et postea Rex, *Ludovici* regis nepos. | *Eberhardus* comes *Ludovici* regis nepos, *Henrici* regis consanguineus. |

Verglichen damit des nemlichen Verfassers orig. *Habspurg. auſtriac.* libr. II. cap. I. col. 74. wo diese Stammtafel etwas besser ist, die aber nach meinem Urtheile am deutlichsten ausgeführet hat, *Eſtor in Electis juris Haſſiaci* libr. I. Cap. IX. pag. 79. sqq.

b) *Crollii* Differt. *de ducatu Franc. rhenens.* in *act. Acad. palat.* vol. III. hiſtor. pag. 452. sqq.

c) *Hiſtor.* libr. II. Cap. VII. in *Reuberii script. caſar.* pag. 155. sqq. — *edit. joannis.*

Wurden nun andere Herzogen oder Fürsten anstatt unserer fränkischen erwählt, so ist immer der rheinisch-fränkische oder salische Herzog als ersterer Wahlfürst zu betrachten gewesen. Selbst die sächsische Fürsten rechneten ihre Würde bei Königswahlen geringer, als jene der fränkisch-rheinischen Fürsten, weil von den Franken das Reich herstammte, und der König nach alter Gewohnheit auf salischem Grund (terra salica) gewählt wurde, ja alles, was zur Wahl und Salbung des Königs gehörte nach fränkischer Sitte geschahe. Auf solche Art haftete also das ganze Wahlgeschäfte bei dem fränkisch-rheinischen Herzog als Primaten des ersteren Volkes und ganz Teutschlands. Die Franken wählten, die Sachsen stimmten bei, und das übrige Volk jauchzte dem Neuerwählten Heil, Sieg, und Leben zu.

Allein die eigentliche Wahl unseres Konrad I. hinderten noch drei mächtige Nebenbuhler.

buhler. In Teutschland erlosch der Karolingische Mannsstamm mit Ludwig dem Kinde im Jahr 911.; noch lebte Herzog Otto von Sachsen einer der mächtigsten Fürsten; nach Herzog Burkards in Thüringen Tod, der in einem unglücklicheu Treffen gegen die Hunnen im Jahr 908. bliebe, erhielt er auch diese Grenzprofinz. Er war ein Schwager des im Jahr 882. verstorbenen Königs Ludwig des Jüngeren. Alter und Klugheit machten ihn dem Vaterland schäzenswürdig. Der Herzog der Franken als erster Thronkandidat war zugleich ein Neffe oder Verwandter des lezten Karolingischen Königs, und des großen Luitpolds in Baiern Sohn Arnulf war ein Abkömmling einer Karolingischen Prinzeßin. Zwei mächtige Häuser Teutschlands, beide des Kaiserthums würdig, beseelte die Hofnung. Doch Triumf den Franken! Patriotismus entschied, und die Franken, von denen das Reich kam, wählten ihn mit Beistimmung

ſtimmung der Sachſen im Jahr 911. a) als den königlichen Fürſten (Principem regalem) deren Herzog mit ſeinem Sohn ſich demſelben unterwarf. So blieb den Schwaben

---

a) *Hermannus contractus* ſetzt die Wahl in das Jahr 912. allein es iſt ausgemacht, daß es das Jahr 911. geweſen ſeie. Eckhard *in Commentat. de reb. Franc. oriental.* T. II. libr. XXXIII. pag. 830. ſetzt den Vortag des 9. Julius zum Krönungstag Das älteſte Diplom iſt jenes von Forchheim (*Forchhemii*) des Jahrs 911. *IV. Calend. Novembr. Maſcov Commentat. de reb. Conradi I.* libr. I. pag. 2. not. 1. ſqq. Extincta *Germanica Carolidarum* ſtirpe, quorum poſtremi, praeter *Transrhenanum Francorum Regnum*, ac *Cisrhenanum lotharingicum*, etiam imperii auguſtum nomen tenuerant: *Transrhenani proceres* conſenſu ad *Conradum* regni, imperiique inſignia transtulere. *Foullon hiſtor. leodienſ.* T. I. part. II. pag. 204. ſqq.

F

ben und Baiern nur die Ehre des Gehorsams übrig. Konrad wurde zum König gesalbt, doch konnte er noch nicht von den ersten Fürsten aller Völker die Pflichtsleistung empfangen.

Eberhard des Königs Bruder folgte ihm in der nächsten Würde als Herzog der Franken, und hat ihm vielleicht die geheiligte Lanze (lanceam sacram) als das Reichspfand, so wie der sächsische Herzog das Schwerd der alten Könige (gladium veterum regum) gereicht. a)

Der

---

a) Beide Insignien kommen ausdrücklich bei Wittichind vor unter den Insignien, welche K. Konrad besaß. So übergab Herzog Bernhard von Sachsen im Jahr 1002. dem schon vorher zu Mainz gesalbten, und nun auch von den Sachsen anerkannten Kaiser Heinrich II. die königliche Gewalt über das sächsische Reich, vermittelst der heiligen Lanze, die Heinrich zu dem Ende mit sich geführ-

Der lauresheimische Kronografist nent den Herzog Eberhard Markgraf, woraus man folgern kann, daß er nebst dem hessischen Präsidat, auch die ostfränkische Präfektur als ein dem Dukat der Franken zugehörige Markgrafschaft verwaltet habe. Für sich hatte der König den Theil des orientalischen Reichs am Rhein. (orientalis regni partem circa Rhenum.) Die alte Geschichtschreiber und andere Denkmäler damaliger Zeiten geben diesem Eberhard die wichtigste Benennungen, als: Graf, Herzog, Markgraf, Franziens Graf, der mächtigste Franziens, und Herzog des austrasischen Franziens. a)

---

geführet hat. *Crollii* differt. de *Archioff. fecular. imperii* in *act. Acad. palat.* vol. V. hiftor. pag. 377.

a) Ipfe autem *Rex* fratrem fuum diferte vocat *Marchionem* abfque adjectione in *charta A.* 914. fcripta, quae legitur in *codic. laureshamens. Dipl.* T. I. Nro. 62. pag. 111.

Erchanger und Bertold, zwei schwäbische Fürsten, und bisherige königliche Kämmerer, mußten Konrad im Jahr 913. als ihren König erkennen, und mit ihrer Schwester Kunigund, der Wittwe des im Jahr 907. gebliebenen bairischen Herzogs Luitbold vermählte sich der König zur Friedensversicherung. a)

Schwaben war noch kein Herzogthum, sondern ein kaiserliches Kammergut, wie Franken. Diese beide Länder verwalteten zwei

---

a) *Breve chron. s. Galli* ap. *Duchesne* T. III. ad. A. 913. *Cunigundem quasi pacis obsidem* matrimonio sibi junxit. *Eckhart de reb. Franc. oriental.* T. II libr. XXXIII. pag. 840. — Ant. Johann Lipowsky genealogische Abhandlung von den Voreltern Otto des Großen, gebornen Pfalzgrafens von Wittelsbach, welcher im Jahr 1180. den herzoglichen Thron erstiegen hat. 1 Abschnitt. §. 11. wo der Verfasser beweist, daß diese Kunigund im Kloster Laurisheim begraben seie. X. Band der Abhandl. der Wissenschaften pag. 17.

zwei Reichsverweser, die man Kammerboten nante. Oſtfranken hatte Adelbert und Wernher, Schwaben die beiden Brüder Bertold und Erchanger. a) Die Schwaben kamen mit den Allemannen unter

frän-

a) Schöpfens Nordgauoſtfränkiſche Statsgeſchichte 1 Theil, 2 Abhandlung pag. 67. ſqq. Die von Ramſchwag, deren Stamhaus in dem Thurgau lag, ſahen ſich mächtig genug, die Brüder Berchtold und Erchanger *Miſſi camerae per Allemanniam* zu bekriegen, als ſolche den Biſchof Salomon III. von Konſtanz des Königs Kanzler aus dem Hauſe Ramſchwag in gefänglicher Haft hielten. Nur die von karolingiſchen Königen erblich erhaltenen Tronlehen, ſammt denen darauf haftenden Gerichtsbarkeiten und Vorrechten konnten das Haus Ramſchwag in den Stand ſetzen, die ſo merkwürdige Unternehmung auszuführen. Siehe die gelehrte Abhandlung über den Urſprung des Adels, der Freien, Herrn, Grafen, und der Leibeigenſchaft in Obergermanien und Helvetien, noch vor dem Urſprnng der freien Eidgenoſſenſchaft in Meuſels Geſchichtforſcher 1 Theil, Nro. 2. pag. 25. und 26.

fränkische Hoheit, und daher ward der Name Svovia durch den Namen Allemannia bis zum Jahr 917. unterdrückt, in welchem der teutsche König Konrad I. ein neues Herzogthum errichtete. a) Schwaben war damals ein Domainland des Kaisers. b)

Gerechtigkeit, Strenge der Gesetze, das auszeichnende Gepräge der Verewigung eines Monarchen, zeichneten sich in dem großen Kaiser Konrad I. zur Ehre des Vaterlands, so ruhmvoll aus. Selbst Blutsverwandtschaft schonte er nicht. Die Befolgung der Gesetze, so wie die Uebertretung und die daraus folgende Straf war allen gleich. Ein Beweis ist das

---

a) Gebhardi genealogische Geschichte, 1 Band, 1 Abschnitt. pag. 75. sqq.

b) Den genauen Zusammenhang und die Grenzen Schwabens mit dem rheinischen Franzien beschreibt unser unvergeßlicher selige Kremer in der Geschichte des rheinischen Franziens 1 Abschnitt, pag. 157. und 197. sqq.

das Todesurtheil, welches er im Jahr 917. a) über seine beide Schwäger ergehen ließ, ja, wie sehr er die königliche Rechte in Schwaben ausübte, ist die darauf erfolgte Bestellung des den schwäbischen Herrn erwünschten Herzogs Burkard I., welcher nun als ein einziger Kämmerer (cammerarius et vexillifer)

---

a) *Anno* 917. in *captivos Alamannos Erchangerum, Bertholdumque* fratres, et *Liutridum* fententia capitalis lata eft, illique apud *Villam Adingam XII. Kal. Febr.* capite plexi funt, ut Rheginonis *continuator Hermannus contractus Annales Quedlinburgenfes, annalifta Saxo,* et *Hepidanus* teftantur. Bona decollatorum in *fiscum* redacta funt, excepta *Bertae Erchangero* nuptae dote, quoniam viro non confenferat in vexatione *Epifcopi Salomonis. Eckhart de reb. Franc. oriental. T. II.* libr. XXXIII. pag. 856. *Cit. auctor.* in origg. *Habspurg. auftriac.* libr. I. Cap. VI. col. 39. et 40. fqq.

lifer) a) Fahnenträger oder Führer das ganze Allemannien und Schwaben, und das neuerdings damit verknüpfte Elsas zu verwalten hatte.

Im nemlichen Verhältnis gegen den Kaiser Konrad I. scheint bis in das Jahr 913. der junge Herzog Arnulf in Baiern gewesen zu sein, so wie seine beiden Oheime, die Baiern beschützten, ja sogar einen Sieg über ein hunnisches Heer erfochten. b) Solcher Sieg

---

a) Sogar unter den Gothen war ein solcher *Vexillifer*, welcher schon aus dem damaligen Adel war, und *Nobilis* hieß, auch in des Königs Gefolge gewesen ist. Gebhardi genealogische Geschichte 1. Band, 1 Theil, 1 Abschnitt. pag. 62. sqq.

b) *Hepidanus in Annal. brev. s. Galli* ap. *Goldast.* T. I. part. 1. unterm Jahr 913. *Agareni Alemanniam* (Teutschland) intraverunt *Erechanger* et *Pertholt* frater jus et *Vodalrichus comes* auxiliante illius Nepote eorum *Arnolfo*, optimo *Bojorum duce*

Sieg erregte Stolz, und Baiern als unabhängiger Regent zu beherrschen, war sein Zweck. Allein Konrad verjagte ihn im Jahr 914. a) und nach einer fünfjährigen Elendsverweisung, Konrads-letztem Jahre, focht er mit ihm, bemächtigte sich Baierns, und besonders der Hauptstadt Regensburg. Traurige Epoche! Da, wo des Reichs Größe zur Stufe der Vollkommenheit gelangen sollte, und glücklicherweise unter dem würdigen Nachfolger kam, starb den 10. Jänner des Jahrs 918. Kaiser Konrad, b) und seine Regierung

---

duce totum exercitum eorum juxta *Ine fluvium* occiderunt, nisi XXX. viros.

a) In diesem Jahr zeugen von seiner königlichen Regierung in Baiern drei St. Emmeranische Urkunden vom 24. Mai *in Mausol.* libr. probat. Nro. XXXVII. sqq.

b) *Wittichindus* libr. I. post haec verò *ipse Rex* moritur, vir fortis et potens, domi militiaeque optimus, largitate serenus, et omni-

rung bleibt der salisch-rheinischen Geschichte ein verewigendes Denkmal.

Ehe der Held das Vaterland, seiner Seele Wonne, und seiner kriegerischen Tapferkeit Alles verlassen mußte, krönte er noch das Ende seiner so ruhmvollen Tage mit einer unsterblichen Handlung, die der teutschen Geschichte Einzige ist, und biederen Nachkömmlingen unvergeßlich bleiben wird.

Das teutsche Reich zu sehr ihm angelegen, wollte er dasselbe mit eben dem männlichen

---

omnium virtutum insignis clarus, sepeliturque in *civitate sua Wilinaburg*. Ueber Konrad I. Grabstätte sind der Geschichtschreiber Meinungen getheilt. Reginos Fortseßer behauptet, er seie zu Fuld begraben, da Wittichind Weilburg (*Wilinaburch*) ein königliches Haus im Fürstenthum Nassau angiebt. Allein, um beider Meinungen mit Güte zu zergliedern, so müssen wir also folgern; zu Weilburg wurde er beerdiget, da nachgehends sein Leichnam nacher Fuld gebracht, oder vielmehr übersetzt wurde.

chen Fürsten versorgt wissen, der sein angefangenes Wesen fortsetzen sollte, und auch wirklich konnte. Konrad, schon die Schrecknisse des Tods gleichsam fühlend, vollzog noch die patriotische That.

Zu seinem Erben und Nachfolger im Reich erklärte er den sächsischen Heinrich mit Vorbeigehung seines Bruders Herzogs Eberhard, aber mit der Bedingung nach Reginos Sage: Das Reich zu beschützen und zu erhalten, (pacto tuendi et conservandi) nebst den übrigen fränkischen Fürsten, die er dahin zu bewegen suchte, daß sie nach seinem Hintritt ihm die Reichspfänder übergaben.

Heinrich

Heinrich der I.

So trat Heinrich nun nach der Bestimmung seines erlauchtesten Vorfahrers die Regierung an. Er ward der Ruhe und Wohlfahrt des Reichs Wiederhersteller, ja Teutschlands politische Lage hat ihm ihr Dasein zu danken. Er lehnte die Krönung und Salbung ab, und begnügte sich damit, daß ihm Herzog Eberhard die Reichspfänder einhändigte. Das Zeichen des obersten Herzogthums! (summi ducatus) Von jeher wurde unter diesen die heilige Lanze (hasta regia) als das Reichspfand (pignus imperii) angesehen. a)

---

a) Jedes Reich hatte eine *hastam signiferam*, welche wegen der eingefaßten Reliquien *lancea sacra* hieß, zum Reichspfand. *Struve syntagm. histor. germ.* Differt. XI. §. XVI. *Koehler* Differt. de *lancea sacra* §. IV. et V. pag. 12. sqq.

Heinrich gieng sogleich seine Wahl zu rechtfertigen, welche zu Fritzlar einer königlichen Stadt geschahe, und die die Urkunden in das Jahr 919. setzen. a)

Nun glaubte er als oberster Herzog der Franken (summus dux francorum) den Bund der teutschen Hauptvölker zu erneuern und zu befestigen. Eberhard Herzog der Franken erkannte ihn als das Oberhaupt des teutschen Bunds. Dieser Eberhard hatte das Recht, als Herzog des rheinischen Franziens und Seneschalls das Heer zur Wahl zu berufen, und aufzubieten, versammlete die Fürsten, und Großen, und ernannte deswegen den Herzog Heinrich vor dem frän-

---

a) *Ditmar. restit.* in *Leibnitz script. Brunsuic.* T. I. libr. I. pag. 325. sqq. — *Monachi Hamersleb. gest. imperat.* ap. *Cit. auct.* T. I. pag. 707. sqq. — *Chapeavilli gest. pontif. leodiens.* T. II. pag. 32. sqq.

fränkischen und sächsischen Heere zum König.

Heinrich, und nach ihm sein Sohn Otto der I., wurden vor der Wahl, um die Würde der fränkischen Nazion zu erhalten, von dem Heere zu Herzogen der Franken erhoben, und mußten gleich vielen folgenden teutschen Regenten das große Gesetz ihrer Nazion verlassen, und sich dem fränkischen Recht unterwerfen. Er war auch der oberste Pfalzgraf der Nazion im Herzogthum Franzien bei Rhein. Dieser Oberpfalzgraf hies im Jahr 901. und 938. blos Pfalzgraf in Teutschland. Im Jahr 938. findet man, daß dieser Pfalzgraf zugleich Herzog des rheinischen Franziens gewesen ist. a)

---

a) Gebhardi genealogische Geschichte 1 Band, 1 Theil, 2 Abschn. pag 152. und 153. not. y. pag. 154. sqq. — Kremer in seiner Geschichte des rheinischen Franziens 1. Abschn.

Ueber Eberhards Anerkennung aber hatte der allemannische Herzog Burkard ein Mißvergnügen, daß er im Namen seines Volks nicht zur Wahl seie gezogen worden. Allein teutscher Ernst, der Heinrichs Miene verkündete, stimmte ihn zur Klugheit, und er erkannte denselben als König. Darauf bestätigte ihn

---

Abschn. pag. 35. bemerkt, daß man all das jenige Land, welches die siegenden Franken nach der Schlacht bei Zülpich den Allemanniern abgenommen haben, das rheinische Franzien genannt habe. Bei den ältesten Geschichtschreibern hiessen die Einwohner dieser rheinfränkischen Profinz *Franci Austrasii*, und das Land selbst Austrasien, auch *Francia Austrasia*. So wird das Herzogthum Eberhards vom Verfasser des Lebens des Abts Johannes von Görz in *Labbei Biblioth. msita.* T. I. pag. 768. beschrieben: Otho maximus prima *regni* tunc auspicia caeperat, sub qui *Gislebertus ducatum regni Lotharii, Everardus Franciae Austrasiae* et quorundam *trans rhenum* locorum tenebat.

ihn der König, ordnete aber, seine königliche Rechte desto mehr zu befestigen, neben ihm einen Pfalzgrafen in Allemannien und Schwaben. Der gelehrte Crollius a) wagt daher nicht zu viel, wenn' er die erste Spur eines königlichen Pfalzgrafen oder Landgrafen in einer Profinzialversammlung (placito provinciali) unter Herzog Burkard I. auf welchen im Jahr 926. zu Rinstorf in Gegenwart des Herzog selbst, und vieler Grafen von einem Grafen Bernold ein Streit zwischen den Klöstern Etenheim und Waldkirch vor der Versammlung beider Profinzen sowohl Ortenau als Brisgau (coram cuncta Frequentia utriusque provinciae, tam Mortinavigae quam Brisigaviae) entschieden wurde, zu entdecken glaubte. Die Urkunde, welche sehr merkwürdig ist, liefert
der

---

a) Crollius von den Landpfalzen in dem Abhandlungen der bairischen Akademie der Wissensch. IV. Band, §. 8. pag. 124. sqq.

der gelehrte Scheidt in seinem quelfischen Ursprüngen. a)

Arnolf b) in Baiern folgte nun, dessen Rechte weit wichtiger waren, der sie aber nicht nach Wunsch durchsetzen konnte. König Heinrich, dessen Klug- und Tapferkeit in allem zum Wohl des Reichs entschied, bewies in diesem kritischen Fall was Fürstenhuld wirken konnte. Die Belagerung Regensburgs verwandelte er durch Verträge (Tractaten) in einen Frieden, durch welchen Baiern auf das

---

a) *Scheidii orig. guelfic.* T. II. probat. libr. VI. Nro. 39. pag. 481. sqq. Acta haec est chartula modernis temporibus *Heinrici regis* sub *Bernaldo comite in publico Mallo*, in *oppido*, quod dicitur *Chincihdorof Anno* DCCCXXVI. *indict.* V.

b) Herrmann Scholliners Vorrechte Herzogs Arnolf von Baiern in den Abhandlungen der bairischen Akademie der Wissensch. 4 B. pag. 191. sqq.

das neue zum teutschen Bund gezogen ward, worauf ihn Arnolf als König der Teutschen erkannte, der ihm deswegen die königliche Rechte über die Kirchen zugestanden, allein des Herzogs Bruder Berthold zu seinem Pfalzgrafen in Baiern verordnete. Dieses war der wichtige Zeitpunkt, wo Arnolf die herzogliche Regierungsjaare in Baiern anfieng zu zählen, und wo die herzogliche Präfektur des bairischen Volks mit einem Reichshofamt (officio palatino) verbunden ward. Bei dem Vergleich zwischen Kaiser Heinrich und Herzog Arnulf bekam des letztern Bruder Berthold die Präfektur Finsgau a) (praefecturam venusticam.) Daß
dieser

---

a) Iacet enim *vallis venusta das Finsgau* ad *Athesin* à *glurentia* juxta *Tirolem, Meraniam, Bauzanum, Clusasque.* Scheidii orig. guelfic. T. I. libr. I. cap. 3. §. 1. pag. 13. — *Buati orig. Boicar.* T. II. libr. VII. cap. 2. §. 2. pag. 13. sqq.
Dieser

dieser Gau (pagus venusta) zur Grafschaft Berrholds gehört habe, bezeugt eine freisingische Urkunde. a) Kaiser Heinrich I. vom Jahr 931., worin er dem Bischof Wolfram einige darin gelegene und seinem Stift entzogene Güter (Praedia) wieder zuzustellen befiehlt.

Dieser Gau erstreckte sich vom Ursprung der Etsch bis an Bozen, wo sie den Fluß Eissack verschlinget. Seine Benennung hat er vom Berge Venster, und heißt noch heute das Vinstgau oder das Etschland. Er begrif ehemals mehrere Thäler in sich, als das Selzthal, Münsterthal, Snalserthal, Malserhaide im Ulten, und im Layen. Schon unter den Agilolfingern war derselbe bekannt. P. Beda Appell Benediktiners zu Oberalteich historische Untersuchungen der Grenzen, Gauen, und Ortschaften des Herzogthums Baiern unter den Herzogen des agilolfingischen Stamms in den Abhandlungen der bairischen Akademie der Wissenschaften, VII Band, 2 Abschnitt. §. 40. pag. 460. und 461. sqq.

a) *Meichelbeck Hist. Frising.* T. I. part. I. histor. libr. III. cap. I. §. 2. pag. 163. sqq.

fiehlt. Berthold verwaltete keinen Dukat, sondern eine Präfektur des Pallasts (Praefecturam palatii) mit welcher auch dieser Vinstgow (pagus venusta) als ein fiskalischer Grund (terra fiscalis vel palatina) vereiniget war. Wir können ihn also billig als einen Pfalzgrafen betrachten.

Zum Zeichen der Unterthänigkeit gegen Heinrich, als das Oberhaupt des teutschen Bunds (summum ducem sceptrigerum) sollten nun alle Heersführer oder Fahnenträger (Signiferi duces) der teutschen Hauptvölker bei der Thronserhebung (inauguration) desselben ihren Dienst erzeugen, oder verrichten.

Für Baiern, als der ehemaligen Kronprovinz der Karolinger, und dessen Herzoge blieb in Ansehung eines Erzamtes bei königlicher Kronverrichtung kaum mehr etwas übrig, als daß der Krone noch mehr anklebende Erzschenkenamt, da der fränkische

sche Herzog Erzseneschall schon seit der Entstehung des teutschen Reichs, und jener von Sachsen Erzmarschalk, ja der Herzog in Schwaben seit 916. der einzige Erzkämmerer war.

Schon von Karl des Großen Zeiten her wurden die mit den Präfekturen der Profinzen verknüpfte große Kronämter, auch selbst in Teutschland, nach Abgang der Karolinger bei der durch die zwei würdige Könige Konrad I. und Heinrich I. wiederhergestellte Bündniß (Confoederation) der vier teutschen Hauptvölker, in ihren ersten Fürsten, oder Pfalzherzogen (ducibus palatinis) wieder erneuert.

Ich weis nicht, ob ich jene freie Machtszugestehung Baierns, welche Arnulf von Heinrich I. erhielt, für sehr merkwürdig halten sollte. Ich glaube vielmehr, daß sich die bairische Nazion mit Teutschland wieder vereiniget habe, und sich auf solche Art zu den Kur- oder Wahlnazionen (das heißt zu jenen, die zur Wahl gehörten, und dabei Stimmrecht, auch deren Beherrscher Erzämter hatten,) rechneten. Es ist wahr, Arnulf verzichtete auf den Königstitel, jedoch so, daß dem ohngeachtet alle königliche Rechte bei dem Hause verblieben, welche er auch nachgehends ausübte.

Heinrich des I. Regierung machte durch die wichtige Statsveränderungen die teutsche Reichsgeschichte, besonders aber unsere salisch-rheinische Statsgeschichte vorzüglich vor andern, genauerer Erforschung würdig.

Immer war die Hoheit des fränkisch-rheinischen Pfalzgrafens oder Herzogs die Erste, sei es bei der Krönungsfeier, und der Verrichtung seines Erzamtes, sei es in andern Dingen, mit einem Worte: des Reichs Größe, des Kaiserthums Beherrschers Macht, kurz, das ganze Wohl hieng gleichsam von der Person des rheinischen Pfalzgrafen

grafen ab. Er mußte der Majeſtät Anſehen vergrößeren, und auf ihn zweckte ſie wieder hin. Eine wahrhaft große Vereinigung!

Heinrich der I. ſtarb den 8. Julius des Jahrs 936. a) Als Held und Fürſt war er groß, und als Vater des Vaterlands ſegnen noch ſpäte Nachkömmlinge deſſen Andenken.

---

a) *Annaliſta Saxo* de *A.* 936. obiit igitur *Henricus* anno regni ſui *XVII.* vitae autem *LX.* Translatum eſt *Corpus ejus* à *Filiis Quedlinburgum*, et ſepultum in *Baſilica S. Petri* ante altare cum planctu et lachrymis plurimarum gentium. *Struvii Corp. hiſtor. German.* T. I. period. V. ſect. I. §. 16. pag. 272.

Otto der I.

Dann erst wird der Vorzug jeder Hausgeschichte kenntbarer, wenn, jemehr wir in künftige Jahrhunderte hineingehen, immer die Hoheit des Ansehens steigt, und nur da den hohen Standpunkt findet, wo ihre Majestät sich gleichbleibend gleichsam wieder wächst, — und da sie zur Reife gelangt ist, dann erst Staunen erregt. So ist der nemliche Fall unserer salisch = pfälzischen oder fränkisch= rheinischen Geschichte unter dieses Kaisers Regierung.

Hier rede ich nicht von Ottos Thaten, die er als Reichsbeherrscher vollzog, auch will ich nicht dasjenige, was eigentlich Reichsgeschichte bearbeiten hieße, nicht noch einmal beschreiben, nur die Verbindung dieser Epoche mit der salischen Geschichte, und die daher

her folgende Hoheit unseres pfälzischen Hauses ist der Zweck meines Gegenstandes.

Otto der I. ganz dem Vater ähnlich, war der Zweite, den die Jahrbücher den Großen nannten. Das erste glückliche Nachbild Karl des Großen. Beide ihrer Jahrhunderte verewigende Muster!

Im Jahr 936. ward er von den Franken und Sachsen zum König erwählt. Seine Krönung geschahe zu Achen, a) und war die Erste, welche wir die Feierlichste nennen darfen. Bei derselben erschienen die **Kronverrichtungen** und **Erzämter** so zu sagen zum erstenmale in ihrem höchsten Prunke. Erste Spuren vom **Krönungsrecht** der drei **Erzbischöffe, Mainz, Trier,** und **Köln,** da der **Weltlichen** ihre am deutlichsten erscheinen.

G 5   Otto

---

a) *Wittichind. Corbejens.* in *Meibomii script. rer. Germanicar.* libr. II. pag. 642. sqq.

Otto der I. ward bei seiner Krönung der neue Herzog der Franken genannt, (novus dux Francorum) der König war also der einzige *dux Sceptifer*, und die besondern Volksherzoge dessen *Signiferi*. a)

So wie nun der Herzog der Franken das Amt eines obersten Führers oder Großseneschalls (ducis primi sive magni Senescha[l-]

---

a) Ein Herzog stand wenigstens *IX* bis *XII*. Grafen vor, und hatte eine obere Justizinstanz über die gräflichen Gerichte, vorzüglich aber die Anordnung der Heereszüge. Dieses letzte Geschäfte veranlaßte die alten Annalisten das teutsche Wort Herzog durch *Signifer* und *Praefectus* zu übersetzen. Gebhardi genealogische Geschichte 1. Band, 1. Th. 1. Abschn. pag. 135. — Pariter *galliae Seneschallus* in praeliis *Signiferi* et in *Coronatione regum Dapiferi* honorum administrabat, quod testatur *Rudolphus de diceto* ad *A.* 970. cfr. Buri *illustr. jur. Feudal. in Catalog. officialium illustrata* voce Seneschallus pag. 335. et *Bouquet* T. X. pag. 248. sqq.

neschalli) verwaltete, so versah er bei Hofe oder Krönungsfeiern jenes eines obersten Truchses. (summi Dapiferi)

Eberhard als Herzog und das Haupt der Franken, der vornehmste Fürst des Reichs, und der Nächste nach dem König verrichtete in dieser Eigenschaft bei Otto des I. Krönung das **Erztruchsessenamt.** a) Diese fränkische Herzogen waren nichts anderst, als die Pfalzgrafen der Könige in dieser Profinz, welche man deswegen als des Reichs Erzpfalzgrafen ansah; auch hieß er
Graf

---

a) Schon das Allemannische Profinzialrecht oder der Schwabenspiegel sagt: 5. Unter den Layen Fürsten ist der Pfalzgrafe an dem Rin der erst an der stimme, dez Richez Truchsäzz der sol dem Kunige die ersten Schüsseln tragen. Senkenbergs lebhafter Gebrauch der teutschen Rechte und Rechtssammlungen, Cap. III. §. 46. not. *a*, pag. 112. und §. 67. pag. 164. sqq.

Graf im Elſaß, Pfalzgraf, und Herzog in teutſch-Frankreich. a)

Das Amt des Truchſeſſes war die vornehmſte Bedienung im Reich, denn mit ihr war das Recht die Stände zur Königswahl zu verſchreiben, das Reichsheer anzuführen, ferner als *Signifer regni* mit den Franken den nothleidenden teutſchen Grenzfürſten zu Hülfe zu eilen, und endlich die Sorge für die Erhaltung der Königlichen und Reichsrechte verbunden, und ſie haftete auf dem rheiniſch-fränkiſchen Herzogthum. Uebrigens gebührte dem Pfalzgrafen bei Rhein b) das Recht der erſten Stimme unter den weltlichen Wahlfürſten, theils wegen des Erztruchſeſſenamts, welches jederzeit im Reich den Vorzug vor den andern

---

a) Schöpfens Nordgau-oſtfränkiſche Statsgeſchichte, 1 Th. 3. Abhandl. pag. 78.

b) Olenſchlagers Erläuterung der goldnen Bulle, pag. 116. ſqq.

dern Hofämtern gehabt hatte, theils auch wegen ihrer ansehnlichen und weitläuftigen Länder, die sie am ober und Niederrhein, auch an der Mosel und in Franken, oder auf dem Nordgau besassen.

Das Marschalkamt, oder die Anführung der sächsischen Reichsmacht hatte nach dem Truchsessenamt bei der Nazion das größte Ansehen, denn nach Kaiser Otto I. Zeiten wird dieses wenigstens bei den Sachsen stets angetroffen; allein da der König selbst als Herzog der Sachsen der Besitzer der Erzmarschalkwürde, welche auf dem Herzogthum haftete, gewesen ist, so konnte sie wegen des Königs Stellbesitzer in Sachsen wegen dessen Behinderung nicht verrichtet werden, deswegen diesesmal der dritte teutsche Herzog Arnulf in Baiern an jenes Stelle trat, und in das bairische Erzschenkenamt rückte der sonstige Erzkämmerer Herzog Herrmann in Schwaben, aus dem herzoglich-pfalzgräflich-lohngauischen

schen Hause, und nun war kein teutscher Pfalzfürst zur Verrichtung des Erzkämmereramts mehr übrig. a)

Dieses

---

a) Senkenberg in seinem lebhaften Gebrauch der teutschen Rechte und Rechtsſammlungen Cap. III. §. 75. pag. 188. legt dieſem Hermann, da er Herzog geworden, die Stelle eines oberſten Kämmerers bei, und beweißt es mit folgenden Gründen: Hermann, da er nach Hof kam, wurde unter die Kämmerer aufgenommen, und als Kammerherr bekam er die königliche Prinzen zur Aufſicht. Er wurde darauf weiter befördert, und als Kämmerer nach Sachſen verſendet, um dort die königliche Geſchäfte in *Cameralibus* und *Politicis* als *Tutor* oder *Procurator* ſive *Commiſſarius terrae* zu beſorgen. In dieſem Amt hies er zuweilen ſchon *Dux*. Den Namen Billing, welcher ſoviel als *Ballivus* oder *Procurator* hieß, halte ich faſt für keinen Familiennamen, weil er Hermann hieſſe, und ſich vom Ort Stubeckeshorn hernante. Nachdem er Herzog worden, heißt er

Her-

Dieses Kämmereramt soll nach einiger Meinung der Herzog des lotaringischen Reichs Giselbert dabei geübt haben. Es heißt von ihm, daß er alles verwaltet habe (Lothariorum dux Giselbertus, ad cujus potestatem locus ille pertinebat, omnia procurabat) welches der denkende Geschichtsforscher Crollius a) dahin ausleget, daß alles

Ver-

Hermannus dux. Die Teutsche wurden so von ihren Aemtern betitelt, und die orientalische Franken hatten damals noch so wenig andere Zunamen, als die Westfranken. Hermann war demnach Kämmerer, ehe er Herzog worden, und führt davon allem Ansehen nach den Namen. Was ware also leichter, als daß Hermann da man ihn zum Herzog gemacht, bei der Kammer auch fortgerückt, und oberster Kämmerer statt *Camerarius* geworden? Es war auch kein anderes Amt vorhanden, weil *Ottonis I.* übrige Erzbeamte bekannt sind. *Cit. auct.* pag. 189. sqq.

a) In Dissertat. *de Archioff. secularib. imperii* in *Act. Acad. palat.* vol. V. histor. pag. 385. sqq.

Verwalten (procurare omnia) kein Karakter des teutschen Kämmerers, sondern eines Seneschalls seie, dem die meiste Sorge für den Unterhalt des königlichen Hofs oblag. Denn der Hof- oder Reichsverwalter (Procurator aulae sive regni) ist kein Kammerverwalter. (Procurator Camerae.) Der lotaringische Herzog war Großseneschall (Procurator regni lotharienfis) und dessen Pfalzstadt Achen. Kaiser Heinrich I. schickte im Jahr 926. den fränkischen Großseneschallen und Pfalzgrafen Eberhard als Abgeordneten (Missum) nach Lotharingen. Er gab ihm seine Tochter zur Gemahlin, und mit ihr die vicekönigliche Gewalt eines Großseneschallen, (ducatum et Comitatum regalem a) und als ein solcher hatte er das auf sich, was zur Verpflegung des

---

a) *Crollii* Differt. *de ducatu Franc. rhenens.* in *Act. Acad. palat.* Vol. III. hiftor. pag. 446. not. *h.*

des königlichen Hofs an dem Krönungsfest gehörte. Die Pfalz und Stadt Achen lag in seiner Verwaltung, (Procuration) er selbst aber leistete dem teutschen König nicht den feierlichen Ehrendienst eines teutschen Erzseneschallen, welches nur der fränkische Herzog Eberhard gewesen ist: Qui mensae praeerat.)

Der oberste Herzog der teutschen Franken (summus dux Francorum), sollte er auch selbst auf Karl des Großen Stuhl zu Achen erhoben (inauguriret) worden sein, wurde nur von teutschen Fürsten bedient, denn Lotharingen gehörte nicht in den teutschen Bund (Confoederation) sondern blieb ein eigenes Reich, welches dem teutschen Oberhaupt zufiel. a) Doch hatte Lotharingen ausser den Krönungsfeierlichkeiten noch andere

---

a) *Mascov de nexu regni Lothar. cum regno Germanic.* §. VII. pag. 8. sqq.

andere festliche Höfe und Züge, bei welchen die Herzoge ihre Vorzüge ausübten.

Bruno Erzbischof von Köln, und des Kaisers Otto I. Bruder, theilte als Unterkönig oder Erzherzog des ganzen lotharingischen Reichs im Jahr 959. dasselbe in zwei Herzogthümer, und behielt nur Niederlotharingen in seiner unmittelbaren Verwaltung. a) Auf solche Art haftete nun das lotha-

---

a) Zu Niederlotharingen gehörte damals das Erzbisthum Köln, das Bisthum Kambrai, und Lüttich als der eine Theil; dann die Herzogthümer Brabant, Limburg, Jülich und Geldern, die Grafschaften Namur, Hennegau, Flandern, und Artois mit jener andern Landschaft, welche die Schelde, Maas, und der Rhein umfließt — *Bertholet Histor. Luxemburg.* T. II. libr. 22. pag. 545. setzt diese Theilung in das Jahr 959. als der eigentlichen Anfangsepoche des Niederlotharingischen Herzogthums, da Oberlotharingen erst 1048. unter Gerhard von

lotharingische Seneschallat, oder das erste Feldherrnamt auf Oberlotharingen; auch auf Niederlotharingen haftete seit dem XI. Jahrhundert das lotharingische Reichsmarschalkamt oder das *jus gladii praeferendi.* Bruno verwaltete Lotharingen bis in das Jahr 965. Pfalzgraf Hermann war königlicher Verweser in den ripuarischen oder Niederlotharingischen Grafschaften.

Allein nach Brunos Tod ward jenes erledigt, woher es der Kaiser durch Grafen beherrschen ließ, da Oberlotharingen seinen Herzog hatte.

Hermann welcher schon königlicher Vikarius in Ripuarien war, wurde vom Kaiser zum Reichspfalzgrafen von Achen bestellt, wobei die ripuarische Profinz als eine pfälzische Erbe (terra palatina) mit der

von Elsas erblich geworden seie. *Ejusd. Auctor. List. genealog.* pag. 7.

Pfalz von Achen vereiniget wurde. a) Diesem Sermann wird auch der Eiffelgau oder diese Grafschaft (Comitatus pagi Eiffliae) so zu Ripuarien gehörte, beigelegt. b) In diesem Gau lag Thomburg, (castrum Thoneburg) meistentheils die Residenz seines Sohns des Pfalzgrafen Ezo, der sich nachher mit Kaiser Otto des II. Prinzeßin Tochter Matild ehelichte, wie in dessen Regierung mit mehrerem wird erwiesen werden. Noch im Jahr 993. lebte Sermann. Er hatte die Grafschaft (Comitatum) Bunnengau, ripuarischer Profinz um Bonn herum. c)

Als

---

a) *Crollius* erläuterte Reihe der achischen Pfalzgrafen pag. 30. sqq.

b) *Hontheim Histor. Trevirens diplomat.* T. I. Nro. 195. et 196. pag. 319. in den mariminischen Urkunden von den Jahren 975. und 978.

c) *Chron. Gottwic.* libr. IV. pag. 566. sqq.

Die

Als der erste Pfalzgraf in Ripuarien oder Achen, a) und der Stammvater der erblichen Reichspfalzgrafen in dieser Provinz ist er unserer pfälzisch - salischen oder ripuarischen Geschichte sehr merkwürdig.

Unter

Die Urkunde vom Jahr 993., worinn K. Otto III. dem Bischof zu Worms gewisse Güter schenkt, welche in dem Bunnengau unter der Grafschaft Pfalzgraf Herrmanns lagen, besagt, daß diese Güter einem der beleidigten Majestät schuldigen Wicelin gehörig gewesen, demselben aber in Beisein ermeldten Pfalzgrafen nach dem Recht und Urtheil des Beisitzer abgesprochen, confiscirt, und so fort dem Bischof übergeben worden. Crollius von den Landpfalzen in den Abhandlungen der bairischen Akademie der Wissenschaften, 4 Band, 2 Abth. §. 2. pag. 75. sqq.

a) *Aquis palatium sedis prima Francia* erat. *Nithardus* libr. VII. *Bertholet histor. Luxemburg.* T. II. libr. 18. pag. 373. not. p. Achen war also Franziens Hauptsitz, nemlich des Austrasischen, welches Wort ich hier auf ganz Lotharingen anwende.

Unter des Herzogs oder fränkischen Grafens Udo Söhnen ist Hermann mit Recht zu suchen.

Dieser Kaiser setzte auch eine Art neuer kaiserlichen Missen unter dem Namen Reichspfalzgrafen ein, die auf Kammergütern oder Pallästen der Kaiser die Stelle derselben besonders vertraten.

Diese königliche Richter oder Großschultheißen hatten die Pflicht, die Provinziallandtage und Gerichte der Herzogen zu besuchen, ihre Stelle in Abwesenheit zu vertreten, die Klagen der Grafen und Unterthanen gegen ihre Herzoge zu schlichten, und dann an den Kaiser zu berichten.

Beispiele der Einführung pfalzgräflicher Würde in Baiern liefern die Zeiten Kaiser Heinrich I. der sie Berthold I. übergeben, welchen aber Otto I. zum Herzogen machte. Allein nur über die königlichen Gründe erstreckte sich dessen Gewalt, und die jezige Macht, mit welcher

Bert-

Bertholds Nachfolger eintrat, hatte ihm erst Otto I. eingeräumt. Er wählte den seines Erbes beraubten Sohn des verstorbenen Herzogs Arnulf II. zu der pfalzgräflichen Würde, und ließ ihm zum Eigenthum einige geringe Güter, welche nachher die Grafschaft Scheiern genannt worden. Dieser Arnulf baute im Jahr 954. das Schloß Scheiern, wo seine Nachkömmlinge, welche von demselben sich hernannten, bis anderthalb hundert Jahre verblieben, dann aber nach einem neuerbauten Schloß, daß sie Wittelsbach hiessen, gezogen, ja endlich im Jahr 1180. als Herzogen von Baiern von Neuem sind eingesetzt worden.

Durch die verschiedene Pfalzgrafen, welche dieser Kaiser verordnete, stiege das Ansehen des salischen Hauses, ja die erste Erzverrichtung der hohen Kur- oder Wahlämter, welche von dieser Epoche an ihre erste aber doch noch nicht ganz vollkommene Ursprünge

sprünge herleiteten, machten die Wichtigkeit meines geführten Beweises um desto aufklärender, jemehr ich mich dem erhabenern Zweck der pfälzisch = rheinischen Statsgeschichte näherte. Allein unter den folgenden Kaisern (ich nehme Konrad des II, Lotar II, Konrad III, und Friederich I. Regierung aus,) ist unsere salische Geschichte nicht so bedeutend, welches, um im Zusammenhang der Jahrhunderte fortschreiten zu dörfen, ich hier doch mit kurzem berühren werde, da selbiges mehr einer Reichsgeschichte, als jener eines Hauses ähnlich sein würde.

Otto I. starb den 9. Mai des Jahrs 973. Vaterland! vergesse sein Andenken nicht, und seine Regierung sei dir ein verewigendes Denkmal teutscher Fürstenhandlungen.

Otto der II.

Jemehr ich mir Mühe gebe, die **Reichsgeschichte**, ihre geheime und daher nöthige Verbindung mit einzelnen **Hausgeschichten** zu vergleichen, so finde ich im ganzen Zusammenhang den Satz betrachtet, eben so wie ganz erwiesen, daß beide, sei es ihre Zu= und Abnahme, fast einerlei Schicksal haben.

Otto II war mit all jenen Gaben ausgerüstet, die einen Regenten bei seinen Unterthanen lieb, und der Nachkommenschaft werth machen können. In dem Frühling seiner Jahre trat er das **Reichsregiment** an, und zu früh entblätterte sich der Sprosse. Ein hinreichender Fall, all jene Hofnungen zu vereitlen, welche biedere Patrioten wünschten, und vielleicht auch bethätiget würden gefunden haben,

haben, hätte er sein Leben länger genossen.

Schon von seinem Vater zum Nachfolger bestimmt, ward er nach dessen Tod im Jahr 972. von den teutschen Ständen durch eine Wahl bestätiget. a) Durch seine Gemahlin Theophania, b) welche ihm Otto III. und vier Prinzessinen gebahr, wird einigermaßen dessen Geschichte der Salischen merkwürdig.

Ma-

---

a) *Annalista Saxo* ad *A.* 972. igitur *Otto II.* ab omni populo electus in principem.

b) cfr. pactum sponsaliorum *Ottonis II.* cum *Theophania graeci imperatoris* Filia ex *Mscto*, quod exhibet *Harenberg in histor. Gandersheimens.* diplomat. in *Commentat. histor. genealog. de Ludolfo Saxoniae duce* §. 45. pag. 84. sqq. Data *XVIII. Kal.* Mai anno Dominic. incarnat. *DCCCCLXXII.* indict. *XV.* imperii scissimi. genitoris nostri *Ottonis XI* nostri verò *V.* actum *rome* ad scos. aptos. feliciter.

Matild war jene würdige Prinzeſſin, welche ſich mit Pfalzgraf Ezel, Sezilo, Ezilo bei Rhein vermählte, ein wichtiger Beweis der Hoheit und des erlauchten Alterthums der Pfalzgrafen.

Hier iſt der Ort nicht, daß ich jene Geſchichtsneulinge, oder fate Nachſchreiber (die eigentliche kritikloſe Kompilatoren) beſtreite, welche behaupten, ein Pfalzgraf könnte keine kaiſerliche Prinzeſſin ehelichen, das hieße nach meiner Meinung Vernunft bekämpfen, und Unwiſſende, oder ich ſage es deutlicher, Gelehrtſeinwollende unterrichten, beides würde meinem ſo erhabenen Zwecke zu ſchmälig ſein, und entfernt davon ſchreite ich zu unſeres Pfalzgrafen Ezo Geſchichte.

Nach des braunweileriſchen Mönchs a) Sage war Ezo einer der ſchönſten und klügſten Herrn. Er war ein Sohn des achiſchen Pfalz-

---

a) In *Leibnitz script. Brunſvic.* T. I. pag. 315. ſqq.

Pfalzgrafens Hermann. a) Es ist wahrscheinlich, daß L30 nicht allein Obersalz oder Neustadt in Franken mit Zugehöre, desgleichen Roburg mit vielen Gütern (praediis) erhalten, sondern auch Matild ihm ansehnliche Güter in Sachsen zugebracht habe, die hernach auf den supplinburgischen Grafen Lotar in Sachsen, und nachherigen Kaiser, welcher von Pfalzgraf Otto abstammte, sind vererbet worden. b) Die

Pfalz-

---

a) *Scheidii orig. guelfic.* T. IV. in opuscul. IV. de *imper. Saxonicor. stemmate* pag. 469. sqq.

b) *Koehler in stemmatographia augustor. Saxonicor.* Tabul. II. exhibet schema sequens *Maiorum Lothari imp.*

Otto M. imp.
uxor Adelheis.

Otto II. imp.
uxor Theophania.

Otto

Pfalzgrafſchaft Achen fiel ihm erblich zu. Seine Söhne waren Ludolf, Otto und Hermann, nebſt ſieben Töchter. Ludolf als älteſter Sohn hatte ſchon bei Lebzeiten des Vaters die Advokatie (Schirmvogtei) des kölniſchen Erzſtifts, welche der braunweilerische Mönch a) eine Grafſchaft oder Präfektur (Comitatum ſeu praefecturam) nennt, und dahin erkläret, weil er in Kriegszeiten

---

| Otto III. imp. | Mathildis maritus Ezo ſive Ehrenfridus comes palatinus. |

Otto comes palatinus dux ſueviae.

N. N. uxor Gevehardi comitis Saxoniae.

Lotharius Rex et imperator.

Scheidii orig. guelfic. T. III. in praefat. §. 3. pag. 11. not. s. ſqq.

a) Ap. *Leibnitz ſcript. Brunſuic.* T. I. pag. 316.

zeiten des kölnischen Erzbischofs erster Heeresführer gewesen seie. a)

Im August des Jahrs 973. war Otto II. zu Alstet in Thüringen. Er bestätigte einen Wechsel etlicher Güter zwischen Erzbischof Adelbert zu Magdeburg und Abbt Werinher zu Fulda, die schon bei Otto I. getroffen wurden. b)

Kai-

---

a) Scilicet, ut ingruente bellicosi discriminis articulo *Coloniensis Archiepiscopi legionis Signifer*, id est *primipilarius* esset.

b) *Felleri Monumenti inedit.* pag. 15. sqq. Diese Urkunde ist sehr merkwürdig, klärt verschiedene alte geographische Kenntnisse auf, beweißt das enge Band der sächsischen Geschichte mit unserer salisch-rheinischen, und lehret, daß K. Otto von seinen Erb und eigenthümlichen Güter in Thüringen dem neuen Erzstift Magdeburg unterschiedliche benamste Oerter schenkte, die nachmals durch diesen Wechsel an das Stift Fulda, mit der Zeit aber theils an die Landgrafen in Thüringen, und deren Vasallen, theils an die Stadt Erfurt, und andern gekommen sind.

Kaiser Otto II. starb den VII. Christmonat (December) des Jahrs 983. zu Rom. a)

---

a) *Scheidii orig. guelfic.* T. IV. pag. 460. sqq. Dieser Otto *II.* wird auch *Rufus* genannt in *chron. Virdunensi* ap. *Bouquet* T. VIII. *script. gallicar. et Francicar.* pag. 296.

Otto der III.

Auch unter diesem Kaiser, welcher im Jahr 983. zu Achen vom Erzbischof Johann von Ravenna, und Willigis von Mainz gekrönt wurde, ist unsere salisch-pfälzische oder rheinisch-fränkische Geschichte nicht so wichtig, als wir dieselbe schon beschrieben haben, oder noch werden. Das Merkwürdigste unter seiner Regierung war, daß der Hofämter gedacht wird.

Im Jahr 985, eben ein Zeitpunkt, wo Teutschland Ruhe genoß, reißte Otto in Sachsen, und der Ostertag war der feierliche Tag, wo er zu Quedlinburg einen öffentlichen Hof hielt. a) Vier Herzoge ver-

---

a) *Ditmar.* libr. IV. pag. 349. — *Mascov* Com-

verrichteten auf diesem ersten Reichstage Otto des III. die Hofdienste. Der rheinfränkische Herzog Heinrich verwaltete das Erztruchseß, Herzog Konrad von Schwaben, das Erzkämmerer, Herzog Heinrich der Jüngere von Baiern das Erzschenken, und Herzog Bernhard von Sachsen das Erzmarschalkamt.

Eine Urkunde dieses Kaisers vom Jahr 996. bezeugt, daß schon oberhalb Bacharach das Herzogthum des rheinischen Franziens angegangen seie. Konrad war Herzog des rheinischen Franziens. a) Otto III. starb zu Palermo im Jahr 1002. ohnver-

---

Comment. *de Ottone III.* libr. III. pag. 148. sqq.

a) Kremers Geschichte des rheinischen Franziens, 1 Abschnitt, pag. 68. sqq. — Scholliners Abhandlung vom Herzog Bertholds Sohne Heinrich *III.* in den Ab-

vermählt. a) Das Verhältniß, welche die Reichsgeschichte mit unserer Salischen hatte, ist sehr gering. Ein Beweis, daß immer ihre Schicksale auch von jener abhangen.

Abhandlungen der bairischen Akademie der Wissenschaften VII. Band, 2 Abschn. §. 28. pag. 213. sqq.
a) *Chron. virdunense,* in *labbei Biblioth. nussa.* T. I. part. II. pag. 159. sqq.

Heinrich der II.

Ohnerachtet der mächtigen Reichsmitbuhler, des Herzogs Hermann in Schwaben, und Ekberts von Meißen ward Heinrich II. Herzog in Baiern auf einstimmiges Verlangen der Stände zur Kaiserewürde im Jahr 1002. erhoben.

Schon auf einem vorläufigen Wahltag zu Werlu a) ward er von allen Reichsprimaten

---

a) *Annalista Saxo* in *Eccardi Corp. hist. medi aevi* T. I. col. 379. sqq. — *Chron. reg. s. pantaleonis ap. cit. auct.* T. I. col. 898. sqq. *Scheidii orig. guelfic.* T. IV. opuscul. IV. *de impp. Saxon. stemat.* pag. 437. in not. sqq. — Senkenbergs lebhafter Gebrauch der teutschen Rechten, Cap. III. §. 54. pag. 138. sqq.

maten als Erbe zum König bestimmt, gieng darauf mit dem bairischen und ostfränkischen Heere nach Mainz, und ward von den Vorgesetzten der Franken, nemlich unsern rheinisch-salischen oder pfälzischen, den Oberlotharinger, (Mosellanern,) der Baiern und Ostfranken feierlich zum König erwählt, und darauf den 8. Junius zu Mainz gekrönt von Erzbischof Willigis. Heinrich war der erste Graf von Luxemburg, und wird auch öfters Graf des Moselgaues genannt. a)

Kunigund dessen Gemahlin ist eine Tochter des luxemburgischen Grafen Sigfrids

---

a) *Koehler* in *Famil. Aug. Luxemburg* Tab. Genealog. I. — *Bertholet. hist. Luxemb.* T. III. libr. 23. pag. 2., 32., und 39. sqq. vocatur in diplomat. de *A.* 963. *Sigfridus comes de nobili genere natus.* cit. *Auct.* T. III. in *probat. dipl.* pag. 7. sqq.

frids und Hedwig gewesen. Dieser Sigfrid wird Pfalzgraf genennt. a)

Gleich nach seiner Krönung begab er sich in verschiedene Profinzen seines Reichs, und sah den Herzogen, Markgrafen und sonstigen königlichen Beamten nach. Er wollte Vater des Volkes sein, und konnte er ein erhabeneres Band mit demselben verbinden als das Kristenthum, dessen Seele Gerechtigkeit

---

a) *Keyser Hinrick, Hertoghen Hinrick sone to Beyeren*, de nam *Conegundam* des *palzgraven Syfrids Dochter* by dem *Rine. Bothonis chron. picturat.* in *Leibnitz script. Brunsuic.* T. III. pag. 318. sqq. — *Hofmanni Annal. Bamberg.* libr. I. in *Ludwig. script. Bambergens.* T. I. col. 37. — *Ditmar. restit.* ap. *Leibnitz* T. I. pag. 352. — *in vita Meinverci Episcop. Paderborn.* ap. *Eund.* T. I. pag. 543. wo dieser Siegfrid nur Graf genennt wird, mit Ezilo, die aber doch Pfalzgrafen gewesen sind.

keit und Sanftmuth ist, wäre nur sein Trieb Kirchen zu bereichern nicht zu weit gegangen, der öfters in frömlende Schwäche ausartete? Genug, Heinrich that es, und hörte die Klagen seiner Unterthanen an, ließ ihnen den Zins nach, entschied die Streitigkeiten zwischen dem Volk und den Herzogen. Hinlängliche Handlungen, einen Fürsten verewigen zu können. Heinrich II. zog auch neben Tribur in der Obergrafschaft Katzenelenbogen noch zwei andere Reichsdomainen, als den Curtis Gerau und die Grafschaft Bessungen, erst nach dem Abgang des fränkisch-salischen Grafengeschlechts im Oberrheingau als ein eröfnetes Reichslehen an sich. a) Ein merklicher Beweiß des Ausübungsrechts kaiserlicher Hoheits Vorrechte!

Seine erste Reise nach Italien ist der bairischen Geschichte ehrenvoll. Schon zur Reise bestimmt, belehnt er Heinrich den Lu-

---

a) Wenks hessische Landsgesch. 1. B. 1 Abschn. §. 8. pag. 60. sqq.

remburger seiner Gattin Bruder mit Beistimmung des Adels und Volks zu Regensburg mit dem Herzogthum Baiern, und zwar mit dem Fahnen. a) Ein deutlicher Beweiß eines Fahnenlehens, und der Hoheit dieser Herzoge! Diese Fahne war das Zeichen der herzoglichen Würde; b) denn die Vergebung der Lehen mit Fahnen ist eine Reichsgewohnheit (consuetudo Curiae) gewesen. c)

---

a) Inde per *Thuringiae, orientalisque Franciae Fines* transiens, ad *Ratisbonam* venit, ibique *regali habito placito, Militi suimet*, generoque Henrico XII. Cal. April. cum omni laude praesentium, cumque *Hasta Signifera ducatum* reddit. *Ditmar.* pag. 376. — *Mascov Comment. de Henric. II* libr. IV. pag. 204. sqq.

b) Oetters Wappenbelustigungen T. I in der Erläuterung des sächsischen Wappens pag. 10. sqq.

c) *Otto Frising. de gest. Frider. I.* libr. 2. cap. 5. pag. 448.

Uebrigens suchte Heinrich des Reichs Wohlfahrt in all seinen Einrichtungen herzustellen, allein seine ausserordentliche Freigebigkeit gegen die Kirche und Geistliche war mehr einer redlichen Andacht als Schwärmerei nach dem Ausdruck einiger seichten, öfters gar leidenschaftlichen Geschichtschreiber, zuzuschreiben, doch sie zu sehr loben hieße gegen biedern Patriotismus streiten.

Er starb in der königlichen Stadt Grüningen den 3. Julius 1024. ohne Erben, und mit Ihm erlosch der sächsische Kaisersstamm. Bamberg, welches er zu einem Bisthum umschafte, und reichlich stiftete, ist dessen Grabstätte. a)

Für

---

a) *Hofmanni Annal. Bamberg.* libr. I. in *Ludewig script. Bambergens.* T. I. col. 47. sqq. — Siehe dessen Grabschrift in *Udalrici Babenberg. codic.* in *Eccardi Corp. histor. medii aevi* T. II. Nro. X. col. 5. sqq.

Für die teutsche Reichsgeschichte war der sächsischen Kaiser Regierung eine merkwürdige Epoche. Die Kaiser besuchten die Profinzen, schlichteten in öffentlichen Versammlungen die Zwistigkeiten der Fürsten, und bestimmten das Kriegs- und Friedenswesen. Solche Verwesung und ihre abzuhandlende Weise glich dem Lehenwesen. Ohnumschränkt war die Freiheit, alte Gesetze und Gewohnheiten galten, noch immer altteutsche Volkswonne! Denn so lebten die **Franken, Allemannier,** und die **Baiern** a) nach ihren eigenen Rechten. Ihr Hauptbeweiß war der Zweikampf. Du rascher Entscheid, nur zu sehr altvaterländischer Barbarei anklebend!

---

a) *Etih* postulante Episcopo, tradidit cum manu ejus proprietatem legitimi *secundum legem noricorum. Gerardus in vita S. Udalrici* Cap. 28. §. 83. pag. 459. — *Mascov. Comment.* de *Henrico* II. libr. IV. pag. 260. not. *b.*

Auch der Kirchengewalt Ansehen stieg, die Kirchen erhielten von den Kaisern die Freiheit sich Obervorsteher und Beschirmer (Advocatos) zu wählen, ja sie schenkten denselben freiwillig Güter, weltliche Rechte, als Zölle, Münzen, verkauften ganze Grafschaften und Flecken; und so schloß sich mit Heinrich II. zum Ruhm des Vaterlands die sächsische Epoche. a)

---

a) Teutschland zählt von Heinrich II. die Erfindung der Majestätssigille, Frankreich von Franz I, England vom H. Eduard, und Schottland von Edgar, welcher vom Jahr 1098. bis 1107. regierte. *Traité de diplomat. par les Benedictins de la congregation de St. Maur T.* IV. sect. V. Cap. 1. Artic. I. §. 4. pag. 15. sqq.

Konrad der II. oder Salier.

Mit Recht kann man den glänzenden Zeitpunkt, wo Konrad der Salier den kaiserlichen Thron bestieg, das zweite Denkjahrhundert fränkisch = pfälzischer Geschichte heißen, und als Herzog der Franken, oder von Worms (dux Vangionum) können wir ihn mit Grunde zu unserm salisch = pfälzischen Hause zählen.

Fürwahr, es hätte kein merkwürdigerer Fall für unsere Geschichte sein können, als eben dieser.

Auf der einen Seite betrachtet, starb der sächsische Kaisersstamm aus, da auf der andern der fränkisch = salische oder rheinisch = pfälzische sich zu jener Größe erhob, welche in Jahrhunderten stolz gegründet, sich

bis

bis auf die späteste Nachzeiten so ruhmvoll erhalten hat. Ein erhabenes Volksdenkmal, noch dem Vaterland heilig!

Bei keiner **Königswahl** ist eine größere Feier gewesen, als eben bei dieser, ja, die mächtige Nebenbuhler mußten sie gleichsam verherrlichen, da doch nur **Einer** der große **Bestimmte** war, des **Reichs Majestät** zu sein.

Zwischen **Mainz** und **Worms**, dem Mittelpunkt des **rheinischen Franziens**, wo er gewählt wurde, kamen die **Bischöffe, Herzogen**, und übrige **Wählende** zusammen. Vaterland! Noch nie mußt du einen solchen Anblick erlebt haben? O! Ich fühle mit dir die Feier, wie du sie sahst deine **Fürsten**, all teutschen Geblüts, tapfer an Muth, erhaben an der Seele, und vaterländischdenkend am Unternehmen! a)

Wippo

---

a) Inter *Moguntiae* confinia et *Wormatiae* locus est Amplitudine, planitiei cauſſa, nu-

Wippo des salischen **Konrads** Lebens‍beschreiber nennt uns acht Herzoge, die mit ihm

---

multitudinis maximae receptibilis: ex insularum seceſſu ad secretas res tractandas tutus et habilis. *Wippo* in *vita Conradi II.* in *piſtorii ſcript. rer. germ.* T. III. pag. 463. sqq. — *Hermann Contract.* Conventum hunc ad *villam Kambam* habitum scribit. *Mascov. Comment. de Conrado II.* libr. V. pag. 266. not. 3. *Bertholet Hiſtor. Luxemburg.* T. III. libr. XXIV. pag. 79. bezeugt, daß bei dieser Wahlversammlung **Kunigund Heinrichs II.** Gemahlinn beigesessen habe, mit ihren zwei Brüdern dem Bischof Ditterich von Metz, und Herzog Heinrich von Baiern, welcher Graf von Ardenne und des Stifts St. Marimin Vogt gewesen ist; *Koehler de Famil. aug. Luxemburg.* Tab. geneal. I. — **Kaiser Konrad II.** wurde zwar nicht unmittelbar in Tribur, aber doch kaum einige Stunden davon bei dem jetzo ausgegange‍nen Dorf Camben ohnweit Erzfelden im Jahr 1024. zum König erwählt. Wenks hessische

ihm um das Reich stritten, als: Konrad den Jüngern, Herzog der Franken, Friderich Herzog von Ober= und Gozelo von Niederlotharingen, Bernhard II. Herzog von Sachsen, Heinrich von Luxemburg und Baiern, Adalbero von Kärnten, Ernst II. der Schwaben Herzog, und Othelrich von Böhmen.

Allein zwei Konraden wetteiferten um des Reichs Krone, der Salier, und der Jüngere, beide Herzogen der Franken, und beide von Herzog Konrad und Luitgard Otto des Großen Tochter abstammend a)!

Kon=

---

hessische Landsgeschichte, 1. Band, 1 Abschn. §. 7. pag. 5c. sqq. Welcher vom triburischen Pallast sehr gelehrt schreibt.

a) Otto I. imp.

Dudicha.

[Ita *Luitgardem* vocata, forti legendum *luticha* ut sit contractum.]

Otto

Konrad des Saliers Vatter war Heinrich Herzog der Franken, und deſſen Mutter Adelheid, Eberhard Grafen von Egisheim im Elſas Tochter. a)

Allein das Kaiſerthum ward unſerm ſaliſchen Konrad, einem Mann voll teutſcher Tapfer-

	Otto dux.	
Henricus		Cuno
Cunradus imp.		
Henricus III.		
Henricus IV.		
Aleidis.	Henricus V.	Conradus dux.
Conradus Rex.		Fridericus dux &c.

Scheidii orig. guelficor. T. IV. opuſcul. I. *de ſtemmate gibellino* pag. 295.

a) *Schoepflini alſat. illuſtr.* T. II. pag. 71. *de Eberhardo comite cit. auct.* pag. 49. et pag. 192. ſqq.

Tapferkeit und Freiheit a) zu Theile. In Gegenwart der Erzbischöffe von Trier und Köln, dann der Bischöffe von Metz, Strasburg, Wirzburg, Bamberg, Konstanz, Augsburg, Regensburg, und Freisingen wurde Konrad von Aribo Erzbischof zu Mainz auf das Fest Mariensgeburt den VIII. September gekrönt, da er schon vor Heinrich des II. Tod zum König bestimmt, und im Jahr 1024. erwählt ward.

Das freie Wahlrecht der Stände des Reichs wurde noch immer ausgeübt; allein das Merkwürdigste dabei war, daß sieben Völkern einseitige Wahlstimmen erfodert wurde. Die Sachsen mit den ihnen angrenzenden Sklaven, die Ostfranken, Baiern, (Nori-

---

a) Egregii is generis et egregiae libertatis vir dicitur, quippe qui numquam se submiserat alicuius servitudi. *Sigebertus gemblacensis* ad *A.* 1024. — *Scheidii orig.*

(Noriker a) und die Schwaben lagerten sich auf der rechten oder teutschen Seite des Rheinflusses; auf der linken Seite hingegen, welche noch damals die Italiänische hies, breiteten sich die Rheinländische, die Lotharingische, oder Mosellanische, und die

---

orig. gueficc. T. IV. *opuscul.* I. de *stemmat. gibellino* pag. 30. Verglichen damit die Note in eben demselben Werk T. II. libr. V. Cap. II. pag. 195. sqq.

a) *Orientalis Bavaria* vocabatur *Noricum ripense. pez. script. rer. Austriacar.* T. I. Dissert. II. pag. 34. *Terra Bavariae,* cum tenebatur sub potestate *imperatorum romanorum* dicebatur *regnum Noricorum. Auctor. incerti chron. Bavaror.* ap. pez T. II. col. 73. sqq. — *Lazius de migrat. gent.* libr. II. part. 1. pag. 28. sqq. — Beda Appells Abhandlung von der Abkunft und Wanderung der Bojen ins Norikum und Vindelicien in den Abhandlungen

die ripuarische Franken aus. a) Er wurde Salier genannt, weil diese die edelste der Franken, und diejenige gewesen sind, die das rheinische Franzien bewohnten. b) Auch hieß man ihn von seinem Großvater her Herzog von Worms. c)

Dieses salische Geschlecht wurde in zwei Linien (Branchen) getheilt, die hessisch-wetterauische, und die Worms- und Speierische

---

lungen der bairischen Akademie der Wissenschaften, X. Band, §. 2. pag. 104. welcher deutlicher davon schreibt.

a) *Wippo* ap. *pistor.* T. III. pag. 494. sqq. *Olenschlager ad aur. Bull.* pag. 53. sqq.

b) *Duo Chunones* ambo in *Francia Theutonica Nobilissimi. Wippo* loc. cit. — *Crollii* Dissert. *de Ducatu Franc. rhenens.* in *act. acad. palat.* vol. III. histor. pag. 336. et 400. sqq. — *Olenschlager ad aur. Bull.* pag. 12. sqq.

c) *Tolneri hist. palat.* pag. 181. sqq.

erische. Jene blühte zu gleicher Zeit mit den babenbergischen Grafen oder Markgrafen im Anfang des X. Jahrhunderts in den vier gebrüdern Konrad, Gebhard, Eberhard, und dem wirzburgischen Bischof Rudolf, welcher in Hofmanns Jahrbüchern a) Frankens und Thüringens Graf (Franciae et Thuringiae comes) genennt wird. Zur leßteren gehörte Werinher Camerae Nuntius im rheinischen Franken zur Zeit, da Adelbert im thüringischen Franken oder Frankonien solches Amt verwaltete. b)

Es sind also drei fränkische Hauptgeschlechter: das Hessische, Speierische, und Wormsgauische, dann das Babenbergische.

---

a) In *Ludwig script. Bamberg.* T. I. libr. L. col. 15.

b) *Scheidii orig. guelfic.* T. II. in praefat. §. 4. pag. 11. sqq. — *Crollii orig. Bipontinar.* part. I. Cap. III. pag. 79. sqq.

Konrad des II. Gemahlin war Gisela, Herzogs Hermann in Schwaben, und Gerberga Konrads König in Burgund Tochter, a) welche sehr nahe mit ihm verwandt

a) *Scheidt* in *orig. guelfic.* T. IV. opuscul I. de *stemmat. gibell.* pag. 312. liefert folgende merkwürdige Stamtafel.

Henricus auceps.

Otto M.	Gerberga uxor *Ludovici* ultramarini regis Franc.
Lutgardis uxor *Conradi* ducis Lotharingiae.	*Mathildis* uxor *Conradi* I. regis Burgundiae.
Otto dux Carentanorum.	*Gerberga* uxor *Herimanni* ducis Sueviae.
Henricus dux.	
Conradus salicus Imperat.	Gisela.

Con-

wandt gewesen ist. **Karolingische und sächsische Fürsten** zählte sie unter ihren **Ahnen.**

Allein, welche Fortgänge und Vorzüge unsere **pfälzische Geschichte** unter diesem **Kaiser** gehabt hatte, ist nun der Gegenstand meiner Beschäftigung.

Es ist leicht zu erachten, daß die **pfälzisch-rheinische oder fränkische Geschichte** hier in ihrem ächten **Prunke** erscheinen muß,

---

Conradus habuit *conjugem* de antiquo glorioso *Karoli* sanguine originem ducens nomine *Gisela*, ex qua unicum haeredem habuit *Heynricum* quem in Senio genuerunt. *Chron. praesul. spirens.* in *Eccardi Corp. histor. medii aevi* T. II. col. 2260. sqq. — **Martin Kremers nassauische Geschichte** part. I. §. 59. pag. 209., wo man dessen Stammtafel mit unserer hier angeführten vergleichen kann, welcher auch diesen **Otto Herzog von Worms** nennt. Sie stammte im *XIV.* **Grade von Kaiser Karl dem Großen ab.**

da in den vorhergehenden und von mir schon beschriebenen Regierungen der Satz erwiesen ist, wie enge das Band derselben mit der Salischen seie.

Mehrere Pfalzgrafen gab es damals, aber jener bei Rhein war immer der Vorzüglichste. Einer in Baiern, nemlich die Grafen von Scheiern, a) jene von Thüringen und Sach-

---

a) Hermann Scholliner handelt von den Grafen von Scheiern sehr gründlich, und liefert eine gelehrte Stammtafel in der Erläuterung einer im Kloster Niederalteich entdeckten Tafel und Grabsteins, wodurch erwiesen wird, daß Herzog Berthold, Herzog Arnulfs Bruder, einen Sohn Heinrich, dieses Namens den III. Herzog in Baiern und Kärnten hinterlassen habe, welche in den Abhandlungen der bairischen Akademie der Wissenschaften, VII. Band, pag. 222. zu finden ist. Sowohl die Sundergauische als die Scheierische Grafen besaßen an der Ilm viele und ansehnliche Güter. P. Angelus Märzens Benediktiners von Scheiern, Abhand-

Sachsen. Sie verweſten mit den **Herzogen** die königlichen Kammergüter, doch war der **Pfalzgrafen Amt** das anſehnlichſte, und fürwahr, wenn man die Nothwendigkeit, und den wichtigen Einfluß derſelben in die **Reichs-geſchäfte** betrachtet, ſo waren ſie die **erſte** nach dem **Kaiſer**, die einzige Urſach, warum ſie **Erzfürſten** hießen.

Dieſe eigentliche Vorzüge der **rheiniſchen Pfalzgrafen** kann man von den nachherigen **Landpfalzgrafen** herleiten, welche in den **Profinzen** erſt im X. **Jahrhundert** unter den **Monarchen** aus dem ſächſiſchen **Hauſe** errichtet

---

handlung vom **Kloſter Ilmmünſter** in eben angezognen bairiſch. Akt. der Akad. X. B. §. 3. pag. 364. ſqq. — Siehe auch daſelbſt die vortrefliche Abhandlung von den **Voreltern Otto des Großen Pfalzgrafens von Wittelsbach** von Ant. Johann Lipowsky, welcher ſehr gelehrt die bairiſche Genealogie beleuchtet, pag. 3. uſque 89.

errichtet wurden, als jedes Volk seine eigene Verfassung von neuem erhielt. a)

Diese **Pfalzgrafen** waren Stadthalter unserer **Kaiser** oder **Könige**, (Vicarii) **Anwälde** des römischen **Reichs**, sie besaßen nur überall das oberste **Landrecht**, welches nichts anders, als das **vornehmste Reichshofgericht** in jeder Profinz war, hatten auch zugleich die kaiserlichen **Reichszinsgülten** uud **Steuren** einzunehmen. Wo auch jemand wieder den **Kaiser**, **König**, oder den **Herzog** zu klagen hatte, konnte er es vor dem Pfalzgrafen anbringen, der darnach solche Beschwerde weiter an den **Kaiser**, **König**, oder **Herzog** gelangen ließ.

Sollte ich wohl aus all diesem mir so einleuchtenden und wichtigen Gründen nicht mit Zuversicht behaupten können, daß Konrad

der

---

a) *Olenschlager aur. Bull.* §. 42. pag. 147. sqq.

der II. das rheinische Franken zur Krone geschlagen, und zugleich die Besorgung dieses Herzogthums mit der Oberpfalzgrafenwürde des Reichs dem Pfalzgrafen von Achen gegeben habe; ja, ich folgere noch mehr, daß mir dieses der große Zeitpunkt scheinet, wo zu der jetzigen pfälzischen Kur der Grund seie gelegt worden, doch kam die Wahlgerechtigkeit der fränkischen Herzoge später an die Pfalzgrafen bei Rhein.

Hier will ich nicht Konrads Thathandlungen erwähnen, die er als Kaiser vollführte, auch nicht jener Einrichtungen gedenken, die der eigentliche Gegenstand jeder Reichsgeschichte sind; ich glaube genug gesagt zu haben, wenn ich meinem Zwecke gemäß handlete, das heißt: was zur salisch-pfälzischen, oder rheinisch-fränkischen Geschichte gehörte.

Im Jahr 1028. wurde sein Sohn Heinrich eilf Jahre alt zu Achen am Osterfest

den

den 19. April von Pilgrin Erzbischof von Köln zum teutschen König gesalbt und gekrönt, a) und von diesem Tag an zählte Heinrich die Tage seiner Weihung.

Die Grafen von Nuringen waren ein Zweig des alten salisch = konradinischen Geschlechts, dem besonders die Grafschaft Königstein, und viele andere zerstreute Güter in der Wetterau zustanden. Gerhard war der letzte Nuringer Graf, und mit ihm starb 1169. dieses Geschlecht aus. Eine Fuldische Urkunde setzt dessen Sterbjahr in jenes 1170., wo er noch als Zeuge vorkömmt. b)

Allein Konrad, nachdem er nach Kräften, ja, ich sage nicht zu viel, als teutscher Mann,

als

---

a) *Hermann Contract.* ad *A.* 1028.

b) Wenks hessische Landsgesch. 1. Band, 1 Abschn. §. 12. pag. 125. sqq. und 4. Abschn. §. 34. pag. 278. not. *w*.

als Vater des Vaterlands für des Reichs Wohlfahrt gesorgt hatte, starb er den 4. Junius des Jahrs 1039. zu Utrecht, und Speier ist dessen Grabstätte.

Streng im Krieg, gut im Frieden, und ein getreuer, warmer Bürger des Vaterlands sind jene auszeichnende Karaktere, die ihn weisen Nachkömmlingen unvergeßlich machen.

Durch die Leheneinrichtungen, welche sich in keinem Zeitraume so ihrer Vervollkommung näherten, ja, die sogar anfiengen erblich zu werden, verewigte er seinen Namen.

So starb Teutschlands Held, als Fürst groß, aber weit erhabener als des Reichs Wohlfahrt Beförderer und Gesetzgeber, und so errichten Beherrscher ihrer Asche Denkmäler der Liebe, deren Urwesen Nachahmung anderer ist.

Hein-

Heinrich der III.

Es ist eine biedere Freude für den Geschichtschreiber, wenn er den Vätern würdige Söhne an die Seite stellen kann, — und darf.

Heinrich der III. welcher durch seine Tapferkeit und Statsklüge das Ansehen des kaiserlichen Throns auf das neue befestigte, und zur Ehre des teutschen Reichs den großen Plane des Vaters mit der nemlichen Wärme, Thätigkeit, und Denkkraft ausführte, versprach Teutschland durch seine wahrhaft erhabene Geistesgaben die dauerhafteste Grundfeste. Allein die zu kurze Regierung, und die zu häufige Unruhen und Empörungen hemmten den Lauf dieser so viel versprechenden Glückseligkeiten.

Im

Im Jahr 1017. ward er gebohren, und im Jahr 1039. kam er zur Regierung. Sie leben noch die Denkmäler, und ich will sie nicht mehr meinen Mitbrüdern zum zweitenmale hinstellen, die bezeugen, was er that als Kaiser, als Beförderer der Reichs Wohlfahrt. O! ihr stolze Ehrendenkmäler! Jahrhunderte sind euer Raum! Unsterblichkeit der hohe Preis! Ruhm genug, daß er fränkisch-salischen Mannsstamm gewesen ist.

Auch der Gegenstand unserer Geschichte bietet uns verschiedene sehr merkwürdige Denkmäler dar, als jenes, daß Heinrich III. das Herzogthum Schwaben an Otto II. des Pfalzgrafen bei Rhein Ezos Sohn vergab. In der rheinischen Pfalzgrafschaft folgte ihm Heinrich. Dieser Pfalzgraf Heinrich ist Sezilos Sohn, und Ottens Nachfolger, der einige damals lebende Niederlotaringische oder achische Pfalzgraf. a)

In

---

a) *Lamberts Schafnab.* ap. *pistor.* T. I. p. 323. sq.

In einer Urkunde des Jahrs 1065. a) wird dieses Heinrichs Güter gedacht.

Das Ruhrgau gehörte zur ripuarischen Profinz, stand unter der Verwaltung der achischen Pfalzgrafen, und Duisburg war die königliche Pfalz. Ezo erhielt sie vom Kaiser Heinrich II. im Jahr 1002. Pfalzgraf Otto aber trat dieselbe 1044. an Kaiser Heinrich III. ab. Dieser Hermann war ein Bruder Pfalzgraf Heinrichs, da Heinrich von der Lach (de lacu) nachheriger Pfalzgraf am Rhein, Heinrich des unsinnigen Sohn gewesen ist. Hermann starb 1085. b) Dieser Heinrich erscheint

---

a) *Lindenbrogii script. rer. septentrional. pag.* 180. et 181. Vier Jahre, da er in das Kloster Esternach gesteckt wurde, wo es heißt: *Curtem nostram Tusburch, dictam in pago Ruriggowe, in Comitatu Herimanni comitis palatini sitam.* etc. Dieser war dessen Nachfolger.

b) *Annal. Hildeshem.* ap. *Leibnitz.* T. I. pag. 732. sqq.

erscheint währender Pfalzgrafschaft Hermann des II. nur als Graf und Herr von Lach einem Schloß und Herrschaft in dem Meiengau. a)

Im

---

a) Die große und kleine Pallenz war das Patrimonium der alten Pfalzgrafen, daher man noch in Urkunden den Namen Pallenzgraf liest. Einen großen Theil der erstern, nemlich den *Comitatum f. pagum* Meyenfeld hat Pfalzgraf Heinrich im Jahr 1197. an die Grafen von Sponheim versetzt, es muß aber solcher zeitlich wieder abgelöst worden sein, massen eben dieser Pfalzgraf bei verschiedenen noch vorhandenen Handlungen wieder als Besitzer des Mayenfelds erscheint. Siehe die Pfalzzweibrückische Statsgeschichte des sehr gelehrten und verehrungswürdigsten Herrn Geheimenraths und Archivarius Johann Heinrich Bachmann, 13 Kap. §. 123. pag. 162. sqq. — Selbst die Grafschaft Zweibrücken hatte als *Terra salica* das Münzrecht. Ebendaselbst 16 Kapitel, §. 202. pag. 289.

Im Jahr 1075. unterschreibt er eine Urkunde Erzbischofs Udo von Trier. a) Heinrich von Lach folgte erst dem Pfalzgrafen Hermann II. in dieser Würde nach 1086. Er ist der erste, so sich Pfalzgraf am Rhein nennt, und zwar in dem Stiftungsbrief eines Klosters auf seinem freien, eigenthümlichen Schloß Lach. b) Seine Gemahlin war Adelheid, welche zuvor mit Adelbert Graf zu Ballenstädt vermählt gewesen ist. c) Ihr Vater war Otto von Orlamünde

---

a) Ap. *Hontheim Hist. Trevis Dipl.* T. I. Nro. 241. pag. 419. *Signum Henrici comitis de lach.*

b) Dieser Stiftungsbrief befindet sich in *Freheri orig. palat.* part. II. Cap. 9. — *Tollneri cod. Dipl. palat.* Nro. 37. — *Hontheim. hist. trevir. Dipl.* T. I. Nro. 294. pag. 241. sqq.

c) *Scheidii orig. guelfic.* T. IV. opuscul. V.

de

lamünde Markgraf von Meißen, und ihre
Mutter

de Famil. comit. Northeimenſ. pag. 518.
519. & 521., wo er folgende Stammtafel
beifügt, die ich aber vermehrter hier einrücke:
Lambert Graf von Löwen, Gemahlin
Oda, Gottfried des großen Herzogs
von Lotharingen Tochter.

Adela Gemahlin Ottos von Orlamünde.	Heinrich. Reginher. Heinrich der Dicke Graf von Northeim. Gemahlin Gertrud von Braunſchweig.
Adelheid Gemahlin Adelberts von Ballenſtädt, und hernach Heinrich II. Graf oder Herr zu Lach, erſten Pfalzgrafs bei Rhein, welcher ohne eigene Leibeserben ſeinem Stiefſohn Otto	
Siegfried Pfalzgraf bei Rhein zum Erben ſeiner Patrimonialgüter einſezte.	Gertrud. Richenza Kaiſerin.
Wilhelm Pfalzgraf.	Sifrid Pfalzgraf von Orlamünde. Gemahlin Irmengard von Henneberg.

L

Mutter Adela Gräfin von Löwen a). Väterlicher Seits leitete sie ihre Herkunft vom Weimarischen Geschlechte her b).

Unter

---

a) *Annal. Saxo ad A. MLXII.* in *Eccardi Corp hist. med. aevi* T. I. col. 493. sqq.

b) Cfr. *Tabul. genealog. Famil. Luxemburg.* II. ad pag. II. ap. *Koehler*, wo ich noch folgende zur Erläuterung unserer Pfalzgrafen beifüge:

1.) Hermann I. ein fränkischer oder lotharingischer Graf erscheint seit 944 als einer der ersten Grafen des lotharingischen Reichs und königlicher Vikarius in Ripuarien, wird nach des kölnischen Erzbischofs und Erzherzogs von Lotharingen Bruno Absterben 966 Pfalzgraf in Niederlotharingen. Lebt noch 993.

2.) Ezo Pfalzgraf nach des Vatters Tod besizt auffer seinen ripuarischen Herrschaften noch ansehnliche in Sachsen, Franken, und Thüringen. † zu Saalfeld 21. Mai 1035.

Hezilin Graf im Zülpichgau, und Vogt des Stifts Kornelius Münster.

3.) Otto folgt dem Vatter in der Niederlotharingisch- achischen Pfalzgraffschaft, die er verwaltet bis 1045., da

Ludolf stirbt vor dem Vatter 1031. Heinrich † vor dem

Unter seiner Regierung wurden die Vorrechte der Pfalzerzfürsten in dem Reichsstat sehr vergrößert. So wie Er die vier weltlichen Hofämter des Truchseß, Schenkens, Marschallks, und des Kämmerers bei den

dem Großvatter. Kuno wird 1049 Herzog in Baiern, entsezt 1058. † 1055.

da er Herzog von Schwaben wird, ist wahrscheinlich der Vatter Graf Gebhards von Supplinburg, und der Großvatter Kaiser Lotars.

4.) Heinrich I. folgt seinem Vatter Otto als Pfalzgraf zu Achen 1045. geht ab 1061.

Kuno Herzog in Kärnten 1057, stirbt 1058.

5) Hermann II. Pfalzgraf zu Achen nach Heinrichs I. Tod, und kommt vor 1065. † 1085.

6.) Heinrich II. Graf von der Lach, folgt Hermann II. in der Pfalzgrafschaft, nennt sich zuerst Pfalzgraf bei Rhein, und stiftet das Kloster Lach im Meiengau.

Sigfrid von Ballenstädt, dessen Stiefsohn folgt ihm nach.

Reichsstiftern zum Besten der ältesten Söhne für erblich, und die dazu gehörigen Lehngüter für unzertrennlich von solchen erklären ließ, eben so wurden diese vier vornehmste Reichserzhofämter an die vier großen Herzogthümer im Reich jezt für beständig geheftet, und deren Erbfolge künftighin den ältesten Söhnen der weltlichen Pfalzerzfürsten zugesprochen.

Um die Würde der geistlichen Erzfürsten zu erheben, bemühte Er sich von dieser Epoche an, ihre Kurstimmen auf die Erzkanzlariate der drei Reiche zu gründen. Eine verewigende Thathandlung, zur Erlauchtheit der vatterländischen Geschichte!

Auf solche Art fiengen die drei Erzkanzlersstellen unter diesem Kaiser allmählig an, beständige Ehrenämter zu werden. Das durch Germanien gehörte zum Erzstift Mainz, das von Trier zu Arelat, und jenes von Köln zu Italien, welches auch Pabst

Leo

Leo IX. im Jahr 1049. bestätigte a). Allein die deutlichere Entwicklung davon ist der Regierung Kaiser Friedrich I. vorbehalten.

Noch vor seinem Ende ließ er seinen Sohn Heinrich, der 1059. zu Tribur zum König erwählt wurde, zu Achen den 16. August von Hermann Erzbischof von Köln krönen. Ludolf Erzbischof von Mainz beschwerte sich wegen seiner Gerechtsamen, der Kaiser aber liebte den Kölner, und ließ ihm den Vorzug, weil in seiner Provinz und dessen Kirchensprengel diese feierliche Zeremonie vorgieng.

Nach all den großen Handlungen, die er zum Besten des Reichs, und zu dauerhafterer Gründung desselben vollzog, starb Heinrich im Jahr 1056. den 3. Oktober 30 Jahre alt,

---

a) *Ab Hontheim hist. Trevir. dipl.* T. I. pag. 345. & 386. sqq.

alt, zu Bothfelden, a) und so sank mit ihm
Teutschlands, des Reichs Wohlfahrt, und
des Kaiserthums Ehre.

---

a) *Chron. S. Maxentii* dictum *Malleacense in Labbei Biblioth. mscta.* T. II pag. 210. sqq. — *Chronic. Stederburgens.* in *Leibniz script. Brunsuic.* T. I. pag. 852. sqq. — *Chron. S. Ægidii* ap. cit. auct. Tom. III. pag. 584. sqq.

Hein=

Heinrich der IV.

Der Geschichtschreiber, deſſen Abſicht des Vatterlands Ruhm iſt, wünſcht ſolche Zeiträume zu übergehen, die noch ſo ſchmälig für Teutſchlands Andenken ſind.

Schrecklich war des Reichs Lage unter Heinrich dem IV. Die Päbſte durch des Kaiſers Schwäche gereizt, durch Weiberliſt unterſtützt, fühlten ihre Stärke, ihr Geiſt durch Hochmuth geleitet, kennt keine Grenzen mehr, und teutſche Mitbrüder! ich bin zu voll vatterländiſcher Liebe, als daß ich im Stande ſeie, Euch den Gräuel zu ſchildern, der leider ſo fürchterlich das teutſche Reich zerrüttete, ja ſelbſt die höchſte Perſon des geſalbten Kaiſers ſo herabwürdigte, daß es noch redlichen Teutſchen bittere Zähren auspreßt, nur ſie zu denken, jene verruchte Zeiten, wo so schrecklich päbstlicher Despotismus beginnte, den nur ein Gregor der VII. auf Mönchstrümmern so schändlich gründen, — und sie ausführen konnte die tückische Plane, immer hinzweckend des Reichs Grundfeste zu zernichten, hätte nicht die Vorsicht zum Besten des Vatterlands gewacht.

Unsere salische Geschichte, deren Verhältniß mit der ganzen Reichsgeschichte so enge verschwistert ist, weis leider keine, oder sehr wenige Denkmäler aufzuweisen, die wie die vorige so erlaucht, und dem altpfälzischen oder rheinisch-fränkischen Ansehen angemessen sind.

Unruhen, Empörungen, Zwitracht der Kirche und des Reichs, Elend, äußerster Jammer, vielleicht auch eigene Geistesschwäche, nicht hinlängliche Standhaftigkeit, Mannheit, und teutscher Muth sind die schreckliche Geißlen, zwischen welchen Heinrich IV. gleich ungestümmen

gestümmen Meerswogen hin und her wankte, und die ihn auch so lange beugten, bis Er das leidige Opfer derselben wurde. Traurig genug, weil auch das Vatterland darunter litte.

Zu Lüttich endigte er sein Leben den 7. August des Jahrs 1106, da schon im Jahr 1099 sein Sohn, nachheriger Kaiser Heinrich V., als römischer König auf Dreikönigstage zu Achen gekrönt wurde. a)

---

a) *Chron. Urspergens. ad A.* 1099. — *Mascov* Comment. de *Henrico IV.* libr. II. pag. 121. not. 11.

Heinrich der V.

Heinrich der V. traf in der äußersten Zerrüttung des Reichs Herrschaft an. Sein Verdienst bestande nur darin, Wiederhersteller gewesen zu sein.

Ich würde meinem Zweck kein Genüge leisten, wenn ich dasjenige hier beschreiben wolte, was das Eigentliche jeder Reichsgeschichte ist, ja welches ich schon in dem ersten Band der Meinigen erwiesen habe; nur salische Denkmäler sind mein Augenmerk, aber, da diese von jenen abhangen, so müssen wir uns Nichts, vielleicht nur Weniges hier versprechen, da folgende Epochen wieder diesen Verlust ersetzen. Mit einem Worte: Heinrich V. that alles, was in solch verwirrten Zeiten auch der Erhabenste hätte vollführen können. Er starb zu Utrecht, wo er das Pfingstfest begehen wollte den 15. Junius 1125. a) Er herrschte mit Einsicht, Muth und Waffen.

So sorgte er für die innere Wohlfahrt des Reichs, und mit ihm nahm der männliche Stamm des salischen Hauses ein Ende.

Wenn wir die verschiedene Einrichtungen, die das Stats- Lehen- und teutsche Recht aufklärten, und so zu sagen dasselbe in Neuheit umwandelten, betrachten, so ist es erwiesen, daß dessen Regierung immer so wichtig ist, ja selbst unsere pfälzisch- rheinische Denkmäler gewannen dadurch einige Vortheile.

Unter

---

a) *Annalist. Saxo ad A. MCXXV. in Eccardi corp. hist. med. aevi* T. I. col. 656. sqq. — *Chron. reg. S. Pantaleonis ap. cit. auct.* T. I col. 927. *Heinricus Imperator Trajecti* infra ebdomadam *pentecostis* obiit, Corpus ejus *Spirae* humandum deportatur.

Unter Heinrich V. fiengen die Herzogthümer und Grafschaften mehr und mehr an erblich zu werden. In Baiern folgten die Welfische Söhne vom Jahr 1101 bis 1139 nach dem Erbrecht a), in Schwaben die Staufischen Erben vom Vatter auf den Sohn, in Oberlotharingen dauerte schon ein Jahrhundert dieses Erbrecht, und mit Berthold von Zähringen entstand ein herzogliches Haus, welches nach dem Erbrecht vom Vatter auf den Sohn fortgepflanzt ward b).

Selbst die Grafen und Herren wurden freier, die Ursach, warum sie von ihren Gütern ihre Beinahmen nahmen. So hieß Perthold Graf von Nuringen, Gerhard Graf von

---

a) Cfr. *Anonymi Weingartensis chron. de Guelfis.* in *Gerardi Hess. monument. Guelfic.* pag. 29 sqq.

b) Johann Christian Sachs Einleitung in die Badische Geschichte, 1. Theil, pag. 11 bis 31.

von Berenbach, und Ludwig Graf von Arnstein, die sich zuvor nur einfache Grafen nannten. a)

Den Ursprung der Land- und Burggrafen kann man vom XII. Jahrhundert herleiten b). Die Herzogen, Grafen und Dinasten

---

a) *Gudeni cod. dipl.* T. I. pag. 31 sqq. Mit vielen Beispielen erläutert diesen Beweis *Joannes Henricus Jung in historia antiquissima comitatus Benthemiensis*, welche sehr gelehrt, und mit kritischer Untersuchung geschrieben ist. Libr. II. cap. II. §. VIII. pag. 87. sqq.

b) Pfeffinger *ad vitriar. illustrat.* T. II. pag. 585 — 612 sqq. — Oefters heißt ein Burggraf ein Herr, welcher den Burgbann auf eines Andern Güter in Lehen bekommen. Ohngefähr in der Mitte des XI. Jahrhundert machten einige den Anfang denselben in Lehen zu reichen. Der älteste Nahmen, den sie führten, war *praefectus* oder *praefectus civitatis*. *Burchardus Misnensis civitatis praefectus*

nasten waren damals der Adel. Die Freigeborne (*ingenui*) Ritter, oder Kriegsleute (*milites*), und Dienstmänner (*ministeriales*) waren verschiedene Aemter. Oefters aber wurden diese Dienstmänner in Ansehung ihrer Kriegsdienste *Milites* genannt. Nach dem XI. und XII. Jahrhundert änderte sich ihr Stand,

---

fectus wird schon im Jahr 1071 in einer Urkunde erwähnt. Schötgens Nachlese part. VII. pag. 386. — Kreisig Beiträge zur sächsischen Geschichte T. V. nro. 13. Von den alten Burggrafen des Meisner Lands §. XII & XIII. pag. 396. & 397. sqq. Zwei Stücke werden zu einem Burggrafen erfodert: 1.) Der völlige Burgbann über eine Stadt, Schloß, oder einen mit Mauren umschlossenen Ort. 2.) Diesen Bann muß er als ein Lehen (*Feudum*) besitzen. §. XV. pag. 399. sqq. — Diese Burggrafen wurden auch erst *Comites Castrenses* geheißen. Cfr. erudit. dissert. *de Feudis Castrensibus Waldschmidtii in Jenichen Thesaur. jur. Feudal.* T. II. cap. VII. Sect. IX. §. IV. pag. 27. not. z. sqq.

Stand, so, daß sie, was sie als Dienstmänner von ihren Herrn inne hatten, solches nachdem unter der Lehensverbindlichkeit (*sub nexu Feudali*) gehabt haben.

Die edle Herrn gebrauchten im XII. und XIII. Jahrhundert den Titel von Gottes Gnaden, a) und öfters ließen sie sich in ihren Sigillen zu Pferd mit dem Schwerd oder der Fahne in der Hand abbilden, welches dem niedern Adel nicht erlaubt wurde. Endlich

---

a) So schrieb sich 1251 Heinrich von Bappenheim: *Henricus Dei & imperiali gratia imperialis aulae marschallus de Bappenheim.* J. P. Langs diplomat. Blumenlese 1. Fortsetzung in Meusels Geschichtforscher 3. Theil, welcher auch von den Titulaturen des 13. Jahrhunderts handlet, pag. 221. & 222. — Herzog Berthold von Zähringen schrieb sich Herzog und Rektor in Burgund vou Gottes und des Kaisers Gnaden. Sachs Badische Geschichte 1. Theil 2. Abtheil. pag. 122 & 123. not *t*. wo er auch in der not. *s*. von diesem Titel weitläufiger handlet.

lich aber nahmen sie den Grafentitel an, den jezt fast alle alte edle Herren führten. Diese edle Herrn waren, nebst den Grafen, zwar dem Herzoge in Betracht der Heeresfolge untergeordnet, allein sie hatten dennoch eine vollkommene Freiheit.

Im XI. und XII. Jahrhundert entstanden durch die Wappenschau der Herolde die Erbwappen a), welche man auf den Sigillen dieser Zeit, jedoch nur selten, abgebildet findet. Eine spätere Erfindung der teutschen Herolde war die Helmtheilung, oder das Gesetz, daß die kämpfende Reuter erbliche Bilder auf ihren Helmen tragen, und nach Anleitung dieser sogenannten Kleinode sich in gewisse Rotten theilen sollten. Diese Helmzierden

---

a) Cfr. Differt. *Caroli Friderici Schoepfii de Feudis germaniae gentilitiis quibuscunque in Jenichen Thefaur. jur. Feudal.* T. II. cap. VII. Sect. XXII. *a.* pag. 498. usque 540.

zierden entdeckt man auf ächten Denkmälern zuerst in der Mitte des XIII. Jahrhunderts. Unter Kaiser Friderich I. nahm die Sorgfalt zu, die Ritterbürtigkeit zu prüfen, und die Wappen werth zu schätzen, weil er auch Geringe nach Verdiensten zu Rittern schlug.

Unter Heinrich V. entstand der für die teutsche Statsgeschichte so merkwürdige Ursprung der Fahnen und Zepterlehen a). Anstatt, daß er die Bischöffe mit Ring und Stab belehnte, so ward der Zepter das Sinnbild der königlichen Regalien b), und der Adler das Zeichen der kaiserlichen Fahnen.

Die

---

a) *Michaelis Henrici Gribneri* observat. 1 & 2. *de Feudis vexilli in Jenichen Thesaur. jur. Feudal.* T. III. cap. VII. Sect. XLI. pag. 214 usque 227., welche aber ebendaselbst pag. 227 usque 238. Gundling in seiner Erläuterung der gräflichen Fahnenlehen hie und da sehr gründlich widerlegt.

b) *Otto Frising.* libr. II. pag. 449 sqq.

Die Zepterlehen der geistlichen Fürsten waren von den Fahnenlehen und Spieslehen der weltlichen Fürsten und größern Grafen unterschieden. Man fieng von dieser Zeit an die Bischöffe und Herzogen die Hauptsäulen des Reichs zu nennen. Die größern Grafen hiessen unter Kaiser Heinrich V. zuerst Reichsfürsten (*principes regni*). Von diesen waren noch immer kleinere Grafen, die dennoch vom Kaiser unmittelbar beliehen wurden, imgleichen die Grafen oder Herzoge verschieden. Allein um hier mit Sicherheit zu entscheiden, ist es nöthig, daß wir jene größere Grafen als jene betrachten, die entweder von fürstlichem Geblüte entsprossen, oder vom hohen altteutschen Adel gewesen waren.

Herzog Lothar von Sachsen gab die Grafschaft Holstein im Jahr 1113 einem gewissen Adolf von Sandersleben ohne Vorwissen des Kaisers, und hatte also einen ansehnlichen Grafen, der blos von ihm abhieng, in seinem Herzogthum.

Einige

Einige ungewöhnliche gräfliche Benennungen, nemlich die der Raub- und Wildgrafen (Comites hirsuti & silvestres) schienen gegen die Mitte des XII. Jahrhunderts entstanden zu sein, wenigstens findet man sie bereits im Jahr 1155 a). Die Grafen, die diese führten, hatten vorzüglich die Aufsicht über unangebaute Gegenden und große Wildbahne.

Solche

---

a) *Sifridus & Hermannus comites de Daſſel* nominabantur alias *de Rugreven*, id eſt, *Hirſuti* interim pervetuſtam eſſe *Silveſtris & hirſuti comitis* appellationem diſcimus ex inſigni charta *Arnoldi Archiepiſcopi Moguntini a.* 1155., qua *Capellae gronenſis* donatio à *Conrado III. & Friderico I.* facta *Caenobio Fredeslohenſi*, *ſylvae Sollinganae* adjacenti confirmatur. In hacce charta inter teſtes ſiſtuntur: *Cuonradus comes Silveſtris &* frater ejus *hirſutus comes. Heinrici Jungii comitat. Benthemienſ. hiſt. antiquiſſ.* libr. II. cap. IV. §. III. pag. 119. & 120.

Solche waren auch im Delfinat und Flandern unter dem Nahmen *Forestarii* oder *Comtes du pais des Foretz*, und Waldgrafen im Niederlande und in Steiermark am Inn. Wildgrafen hießen die Grafen von Scheiern, Ayrn, Kirchberg und Dhaun, da diese Letztere zum fürstlichen Adel gehören, und jezo die nächste Anverwandten des durchlauchtigsten Kurhaus Pfalz sind, und Rauhgrafen, die von Dassel und Bomenebordh. Einige Wildgrafen führten den Nahmen der Rheingrafen, die anjezo auch zum pfälzischen Hause gehören a), und die Grafen im Harzforste wurden Harzgrafen genannt. So schrieb sich ein gewisser Graf von Wasserburg im Jahr 1217 Hallgraf (Salzgraf) von Wasserburg, und ein anderer

Hall-

---

a) Siehe die gelehrte rheingräfliche Geschichte des Herrn Geheimenraths Martins Kremer in meiner eigenen Sammlung rechtlicher Deduktionen Tom. I.

Sallgraf von Attila lebte 1130. und 1142 a).

M 3 Der

---

a) *Monument. Boica* T. II. pag. 280 & 282. — Gebhardi genealog. Gesch. ꝛc. 1. B. 1. Th. 2. Abschn. pag. 179. not. *n*. — Siehe einen besonderen Wassergrafeneid in J. P. Langs diplomat. Blumenlese IV. und letzten Fortsetzung in Meusels Geschichtforscher VII. Theil Nro. 145. pag. 27 sqq. — So fanden sich noch vor 200 Jahren in der Grafschaft Oettingen Wassergrafen, welche über die wegen Seen, Wasser und Mühlen, Gebrauch der Flüssen und deren Gerechtigkeiten entstandnen Strittigkeiten richteten, und sich des H. römischen Reichs und der Landschaft der Herrschaft Oetingen geschworne Wassergrafen nannten. Es bestand aus neun Müllern, deren Vorgesetzter der ötingische Landvogt war, wie solches ein Urtheilsbrief vom Jahr 1507 not. *p.* beweist. Allein mit unsern Reichsgrafen können sie nicht verglichen werden, weil dieselbe nur von dem Richteramt ihre Benennung erhalten haben. Sattlers Würtenbergische Gesch. T. I. IV. Absatz §. 20. pag. 471.

Der Vorzug des teutschen, oder wie es öfters genannt wurde, des orientalischen Franziens war dieser, daß die Könige allda gewählt wurden, und dort ihren Reichssitz hatten a).

Der Kaiser Ansehen war die Erhaltung der Einigkeit, und Nichtverletzung der Volksfreiheit, der Freiheit, des einzigen schätzenswürdigen Guts der Teutschen.

Nicht nur war sie bei den Reichsständen der größte Ehrennamen, sondern auch bei jenen,

---

a) *Imp. Henricus II.* vocatur *Francorum* pariterque *Longobardorum Rex* in dipl. ap. *Murator. Annal.* T. VI. pag. 24. — *Henricus IV.* in *Fundat. Monaſt. Hirſang.* regnum ſuum *Franciam Teutonicam* vocat. ap. *Cruſium* in *Annal. Sueviae* pag. 227. — *Wippo in vit. Conradi Salici Campaniam Remenſem* appellat *Franciam latinam. Bruno de bello Saxonico* pag. 187. *Philippum Galliae Regem latinae Franciae Rectorem.*

jenen, die den Waffen folgten, und die bei Gerichte saſſen a). Auf den Aemtern des Pallaſts und Reichs haftete die öffentliche Verweſung, welche anfänglich als Lehen gegeben, nach und nach aber erblich wurden. Die Könige hatten in ihren Profinzen, besonders auf fränkiſchem Grunde ihre Kronguͤter (*domania*), aus denen entſtanden die Wohlthaten, mit welchen ſie die Kirche begabten, der Stände und der Kriegsmänner (procerum ac militum) Treue und Verbindung. Die Kaiſer durchreiſten ihre Profinzen, hielten da Hoflager, öffentliche Verſammlungen, auf denen die wichtigſte Sachen geſchlichtet wurden, deren Zweck immer die Aufrechthaltung der teutſchen Freiheit geweſen iſt.

M 4 Der

---

a). In diplomate *Adalberti archiepiſcopi Moguntini de a.* 1122. memoratur *Henricus de Bunrode*, de parentibus natus liberis judiciariae poteſtatis, ap. *Schannat in vindemiis litterariis* T. I. pag. 115.

Der hohenstaufische Konrad erhielt von diesem Kaiser 1115 die ehemalige Markgrafschaft Ostfranken als ein neues Herzogthum.

Nach so glänzenden Anfängen mußten aufgeklärtere, glücklichere und bessere Zeiten folgen, die auch wirklich zur unsterblichen Ehre des teutschen Vatterlands unter den künftigen Beherrschern des Kaiserthums erschienen. Mit einem Worte: **Heinrich** des V. Regierung ward neue Aufklärung in der Geschichte, dem Stats= und Lehenrecht. So herrschen **Monarchen**, wenn Weisheit, Thätigkeit, und teutsche Mannheit die Gefährtin ihres Thrones sind. Vatterland! So darf Du wieder gleichsam neues Leben deiner altangeerbten Freiheit, Wohlfahrt und Ruhe zu athmen anfangen.

Lothar der II.

Merkwürdige Kataſtrofen ſind das hohe und auszeichnende Gepräge jeder Geſchichte. Ihre Verewigung der Nachkömmlinge Gedächtnisfeier!

Der fränkiſch-ſaliſche Mannsſtamm, welcher ein Jahrhundert währte, war nun erloſchen, und die Kaiserswürde fiel auf das ſächſiſche Haus. Allein der Reiz der Kaiſerkrone erregte Mitbuhler, der Urſach eines Zwiſchenreichs.

Es iſt immer ein merkliches Kennzeichen, und, wenn ich mit teutſchem Gefühle entſcheiden darf, Keim zur Vervollkommung des künftigen Regenten, ja nähere Gröserkennung, wenn mehrere, vielleicht eben ſo tapfer und klug als Er, ſich um die Krone erwerben.

Nur Einer kann und muß der glücklicherkorne sein, dessen Haupt des Vatterlands Lorbeern umkränzen, und dieser Eine auch Mann genug, sich trotz seiner Mitbuhler hinzuschwingen zu dem Thron der Majestät. So war Lothar ein Fürst.

Friderich von Hohenstaufen, Herzog von Schwaben, foderte als nächster Erbe den Thron, und Konrad, der sich schon 1126 umsonst zu Mailand krönen ließ, machte auch Ansprüche. Schon bei dem Leichenbegängnisse Heinrich des V. zu Speier hielt man vorläufige Berathschlagungen, und mit Rath der daselbst gegenwärtigen Fürsten wurde vom Erzbischof zu Mainz der Wahltag gegen Mainz angesetzt, ja alle Reichsfürsten und Stände wurden zugleich ersucht, den Landfrieden in ihren Gebieten bis vier Wochen nach der Wahl zu handhaben, jeder, der zu und von dem Wahltage reisen wollte, bekam sicheres Geleite, und die dazu erforderliche Lebensmittel,

bensmittel; noch mehr aber die Feier zu verherrlichen, erschienen die vier Hauptvölker der Franken a), Schwaben, Baiern und Sachsen. Zehn Fürsten der gedachten vier Völkerschaften sollten durch die Mehrheit ihrer Stimmen den künftigen Thronfolger bestimmen.

Herzog Friderich in Schwaben, Leopold Markgraf von Oesterreich, und Herzog Lothar wurden darauf als Thronkanditaten in Vorschlag gebracht. Allein Adelbert Erzbischof von Mainz wußte die Sache dahin einzuleiten, daß, da Friderich und Heinrich der Baiern Herzoge im Lager waren, Lothar

---

a) Unter dem Nahmen *Franci* waren alle Teutsche, sie mögten Germanier oder Lotharinger sein, begriffen. Bei Lothar dem Sachsen werden auch mit der Benennung *proceres Franrum* alle teutsche Wahlfürsten verstanden. Senkenberg vom lebhaften Gebrauch der teutschen Rechte und Rechtssammlungen, cap. III. §. 45. pag. 107.

Lothar zum König ausgerufen wurde; so setzten sie ihn auf ihre Schultern, und verehrten ihn mit dem gewöhnlichen Zuruf a).

Allein

---

a) Der Gebrauch den König, welcher erwählt war, auf den Schultern, imgleichen auf einem Schilde, auch wohl auf einem Faß in die Höhe zu heben, ist sehr alt, und von allen teutschen Völkern beibehalten. Die holländisch-frisischen Stände beobachten ihn sogar bei der Huldigung ihrer Grafen. Einige teutsche Könige wurden zwar anstatt dieser Erhebung auf ein Pferd, oder auf den Altar gesetzt, allein Kaiser Karl IV. führte die so genannte Elevation wieder ein, und lies sie an sich auf dem Königsstuhl bei Rense vollziehen, welches Beispiel seine Nachfolger bis auf Ferdinand I. nachahmten. Der Königsstuhl bei Rense liegt am Rhein zwischen Koblenz und Boppard, und ist vermuthlich der älteste Wahlplatz der fränkischen Nazion, und zugleich der Sitz ihres obersten Gerichts. Denn Königsstuhl deutet eigentlich ein im Nahmen des Königs gehaltenes hohes Gericht an, und daher findet man viele Königsstühle im ältern Teutschland. Die Erklärung dieses Worts läßt sich aus einer Urkunde

Herzog

Allein die bairische Bischöffe hemmten durch ihre Widersetzung den Fortgang dieser Wahl, weil sie ohne Gegenwart ihres Herzogs seie vollzogen worden; da aber dieser endlich erschien, so wurde die Wahl erst förmlich vorgenommen, und so ward nach dem einstimmigen Verlangen und Bitten der mindern Fürsten Lothar von den Pfälzerfürsten zum Könige erhoben a), worauf er im September

---

Herzog Friderichs von Schwaben (*Herrgott genealog. dipl. domus Habspurg.* T. II. pag. 196.) durch folgende Worte erweisen: nos in publico Mallo, qui dicitur *Kuniggesfthul* cum universis principibus totius Sueviae confedentibus. — Gebhardi genealogische Gesch. 1. B. 1. Th. 2. Abschn. pag. 180 & 181. not. o.

a) *Anonymi Narratio de electione Lotharii in Olenschlageri comment. ad aur. Bull. in codic. dipl.* Nro. 8. pag. 19 sqq. Verglichen mit jener in *Scheidii orig. Guelfic.* T. II. in *probat. dipl.* ad libr. VI. Nro. 42. pag. 484 — 488.

der nach Achen gieng, und sich allda von Friderich Erzbischof von Köln im Jahr 1125. krönen ließ, seine Gemahlin Richenza aber zu Köln a). Sie war Heinrichs Grafen von Nordheim, auch der Frisen Markgraf, und Gertruds von Braunschweig, der Schwester des Markgrafen Ekberts, des letzten seines Stamms Tochter b).

Kai-

---

a) *Dodechinus* in append. ad *Marianum Scotum* ad a. 1125. — *Sigebert. Gemblac.* ad h. a. — *Annal. Saxo & chron. reg. S. Pantaleonis* ad h. a. in *Eccardi Corp. hist. med. aevi.* T. I. col. 927. sqq. — *Otto Frisingens.* lib. VII. cap. XVII. — *Albericus* ad a. 1125. addunt *Carolum Flandriae comitem.* — *Struvii corp. hist germ.* T. I. period. VI. pag. 419. not. 13. sqq. — Er war ein Sohn des heiligen Kanuts König in Dännemark. *Le Barre hist. générale de l'Allemagne.* T. IV. pag. 541. sq.

b) *Scheidii orig. Guelfig.* T. IV. opuscul. V.

de

Kaiser Lothar, welcher kein gerborner Pfalzgraf bei Rhein gewesen ist, war dennoch der nächste Anverwandte mit demselben. Nicht nur durch seine Vermählung mit Rigezza Gräfin von Nordheim, der Erbin der braunschweigischen Landen, und die von ihrer Mutter her aus dem sächsisch-kaiserlichen Hause abstammte, verband er sich mit diesem Hause, sondern auch durch dessen Urgroßvater Pfalzgraf Ezzo, welcher ein leiblicher Schwager von Kaiser Otto dem III. gewesen ist a). Lothars einzige Prinzeßin Gertrud vermählte sich wieder 1127 mit Herzog Heinrich dem Großmüthigen von Baiern, der schon wegen seiner Frau Mutter Wulfild des letzten sächsischen

---

de Famil. comit. Northeim. pag. 521. — *Mascov comment. de Lothario II.* libr. I. pag 5. sqq.

a) *Scheidii orig. Guelfic.* T. III. in praefat. §. 3. pag. 11. sqq.

fischen Herzogs Magnus aus dem Billungischen Geschlecht älteste Prinzeßin Tochter, Erbe von der Herrschaft Lüneburg gewesen, jezt aber auch das Herzogthum Sachsen mit den allodialen braunschweigischen Landen überkommen hat. Lothars Vatter war Gebhard Graf von Supplinburg und Querfurt, welcher im Treffen den 9. Junius 1075 an der Unstrud blieb a). Seine nahe Verwandschaft mit den rheinischen Pfalzgrafen wird folgende Stammtafel noch mehr beleuchten b).

Diese

---

a) Cfr. *Stemma gentilit. Ottonis IV.* in *Meibomii script. rer. germ.* T. III. pag. 163. sqq. — *Sundhemii hist de Guelfis.* ap. *Leibnitz script. Brunsuic.* T. I. pag. 803. sqq.

b) Gottfried Herzog des ripuarischen Lotharingens
† 963.

Gottfried Herzog † 972.	Hermann Pfalzgraf
Ezo oder Ehrenfried Pfalzgraf † 1035. Gemahlin	† 993.
	Ezelin Pfalzgraf.
Kai-	Otto

Diese Grafschaft Supplinburg lag im Darlingau zwischen der Grafschaft Braunschweig und Somersenburg a).

Auch

Kaiser Ottos Tochter Mechtild. Otto Pfalzgraf, Herzog in Schwaben. Gemahlin Jda von Querfurt.
Ludolf Pfalzgraf. Hermann Erzbischof von Köln.

Heinrich von der Lach (de lacu) Pfalzgraf.

Gebhard Graf von Supplinburg und Querfurt.

Gemahlin Hedwig von Formbach (Formbacensis.)

Lothar II. Graf von Supplinburg wird 1106. Herzog in Sachsen, und 1125. teutscher König. † 1137. Gemahlin Rixa oder Rigeza Gräfin von Nordheim.

Histor. de Guelfis. pag. 789. & *Chron. Stederburg.* pag. 854 sqq. ap. *Leibnitz script. Brunsf.* T. I. — *Harenbergii hist. Gandersheimens. dipl.* in dissert. 2. *de Advocatis & conservatoribus Monasterii liberi Gandersheim.* §. 14. pag. 243. & 244. der sehr ausführlich von Lothars Stamm handlet.

a) *In pago Darlingow.* Von den sächsischen Gauen

Auch des Reichs Größe, dessen Erweiterung und Wohlfahrt waren Lothars einziges Augenmerk.

Nach vollbrachter Krönungsfeier faßte er den erhabenen Gedanken Vatter des Vatterlands zu sein; daher war seine erste Sorge, daß er den öffentlichen Frieden gab. Roms Bewegungen stillte er glücklich, und sein unerschrockener Muth trozte Vatikans Blitzen.

Herzog Konrad erhielt im Jahr 1134 vom Kaiser den Vortritt vor allen teutschen Fürsten, und das Reichspanierherrnamt. Beides haftete ehedem auf dem Herzogthum Franken am Rhein, und ward nunmehro mit Ostfranken verbunden, nachdem es eine geraume Zeit verschiedenen Fürsten nach Willkühr vom Kaiser anvertraut gewesen war. Von diesem Reichspanieramt war das Amt dem Kaiser im Treffen die heilige Lanze vorzutragen

---

Gauen handlet sehr gelehrt *Meibomius in script. rer. germ.* T. III. pag. 99. sqq.

tragen verschieden, welches biß auf diese Zeit stets einem Bischoffe aufgetragen ward. Einige andere rheinisch-fränkische Vorrechte und Länder brachte Konrads Brudersohn Konrad 1156 an sein Haus, und an die rheinische Pfalz. Der Kaiser gab Herzog Heinrich dem Stolzen aus dem Guelfischen Haus die beiden Herzogthümer Baiern und Sachsen a), nebst seiner Tochter.

Ueberhaupt lag ihm sehr viel an der Freundschaft von den Reichsständen, eine wahrhaft politische Absicht, welche ihm um desto mehr Ehre war, da sie zugleich mit der Beförderung der Reichswohlfahrt verbunden gewesen ist.

In den ronkalischen Feldern verordnete er, daß die lehenfällige Reichsgüter nicht mehr der kaiserlichen Kammer (Fisco) sollten

---

a) *Scheidii orig. Guelfic.* T. II. libr. VI. cap. IV. §. 6. pag. 330. sqq.

sollten anheim fallen, sondern daß dieselbe an Andere wieder sollten vergeben werden a).

Nach all den vollbrachten Thaten, die er so männlich erhaben ausführte, war sein inniger Wunsch Teutschlands Grenzen wieder zu betreten, ihm noch so werth, weil das Vatterland sein Alles war. In dem veronesischen Gebiete (in agro Veronensi.) hielt er den 6. November Ruhetag, und in Trident feierte er das h. Martinsfest. Schwäche der Krankheit überfielen ihn dort, und der Held mußte in einem geringen Dorfe den 3. December 1137 sterben, ohne Erben b). Grosser Tod! dem Vatterland heilig!

Des

---

a) Buri in der Erläuterung des Lehenrechts pag. 115. 1. Theil bemerkt daher richtig, daß diese Verordnung die Italiener nur wieder betroffen habe.

b) *Chron. Urfpergenf. imperator* morbo correptus in *Silva*, quae eſt inter *oenum* & *lycum*

Des Reichs Fürsten, die dazumal zu Wirzburg versammlet waren, warteten seiner. Allein durch solche schreckliche Nachricht entrüstet, beschlossen sie auf das nächste Pfingstfest zu Mainz einen neuen König zu wählen, unterdessen Herzog Heinrich die Reichsinsignien aufbewahrte a). In das Kloster Luther, welches zwischen Braunschweig und Helmstädt lag, und von der Bach Luther so genannt wurde, ist er be-

erdi=

lycum sub. vilissima casa obiit, ac inde per *Augustam & orientalem Franciam* in *Saxoniam* deportatus in *Monasterio suo Luther* honorifice sepelitur. *Annalist. Saxo* ad *h. a.* in *Eccardi Corp. hist. med. aevi.* T. I. col. 680 sqq.

a) *Chron. Ursperg. Dux* vero *Henricus*, in cujus Finibus obierat, *regalia* reservavit, ut in generali conventu principum, qui in *proxima pentecoste Moguntiae* condictus fuerat, præsentaret.

erbiget worden a). Im Jahr 1135 führte er dort Benediktiner ein, und es erhielt den Nahmen des königlichen Luther (regia luthera). Sein Grab wurde 1718 eröfnet, und man fand auf einer erzernen Tafel eine sein Andenken verewigende Inschrift b).

Du

---

a) *Scheidii orig. Guelfic.* T. II. libr. VI. cap. IV. §. 24. pag. 350. not. *ttt.* sqq.

b) Lotharius Dni. gratia Romanorum Imperator augustus regnavit annos *XII.* menses *III.* dies *XII.* obiit autem *III.* nonas Decembris vir in Xpo. fidelissimus, verax, constans, pacificus, miles imperterritus rediens ab apulia Sarracenis occisis & ejectis.

Imperator de cætero in sepulchro inventus est jacens, dextra *gladium*, sinistra tenens *pomum imperiale cruciferum* ex plumbo deauratum. *Cit. origg. quelfic.* loc. eod. cit. in not. præced. C. pag. 352.

Du stolzes Grab! warst du die treue Aufbewahrerin jener heiligen Asche eines Monarchens, der Gerechtigkeit mit Religion verband, dessen Tapferkeit und kriegerische Mannheit Teutschland fürchtete, seine Tugenden liebte, ihn als Vatter des Vatterlands ehrte. O! das sind die ohnleugbarste und ohne Schmeichelei befleckte Biographien! biederen Teutschen noch werth, der Ehre des Kaiserthums unvergeßlich.

Konrad der III.

Schon bei Lothars Leben foderte der hohenstaufische Konrad Herzog von Ostfranken, und Besitzer der vornehmsten rheinfränkischen Gerechtsamen, als Erbe des salischen Geschlechts, das Reich, welches er Lotharn abzugeben gezwungen war; ja es gelang ihm endlich durch Beihilfe der rheinischen Erzbischöfe, worunter Erzbischof Adalbero von Trier dessen vorzüglichster Freund und die Haupttriebfeder dieser Wahl a)

ge=

---

a) Gesta Archiep. Trevir. in *Martene & Durand. collect. ampliss.* T. IV. pag. 199. sqq. Trier machte jedesmal den Vorsteher der obgesagten *Lotharingiae Mosellanicae*, oder des sogenannten Westerreichs aus, wie Köln im andern Theil von Lotharingen.

Senken-

gewesen ist, und seines ältern Bruders Herzog Friedrichs in Schwaben, dem sächsischen und bairischen Herzoge bei der Königswahl doch noch vorzubringen.

Zuerst bestimmten die Fürsten das Pfingstfest zu Mainz zum Wahltag, da aber nachher auf Petersstuhlfeier (*Cathedra S. Petri*) die Zusammenkunft nach Koblenz auf rheinfränkischer Erde (*in terra Franciae*) den 22. Hornung verlegt wurde a). Arnold von Köln, Bucko

---

Senkenbergs lebhafter Gebrauch der teutschen Rechte ꝛc. cap. III. §. 66. pag. 161. sqq.

a) *Wegelini thesaur. rer. Suevicar.* T. II. Dissert. *XVIII. de statu polit. rom. imper. sub Conrado III. Imp. ac Duce Sueviae*, 9. Abtheil. §. I. pag. 286. sqq. — *Otto Frising de gest. Frider. I. imp.* libr. I. cap. XXII. defuncto *imp. Lothario* — principes regni apud — *Confluentiam* conveniunt, & de *eligendo Rege* con-

Bucko Bischof von Worms, Konrad und Friderich Herzogen in Schwaben sind zugegen gewesen. Bei der Wahl war des Pabsts Innozenz II. Gesandter, der Kardinal Theodosius, zugegen. Im Jahr 1138 den 4. Merz des nemlichen Jahrs wurde er zu Achen den Sonntag Oculi gekrönet von eben diesem Gesandten, in Beisein der Erzbischöfe von Köln und Trier, denn der mainzische Stuhl ist nach Adelberts Tod, der gleich nach Lotharn starb, erlediget gewesen.

Gleich nach vollbrachter Wahl hielt am Pfingstfest der König zu Bamberg einen Hoftag, dem viele Fürsten beiwohnten. Richenza erschien mit einigen sächsischen Fürsten, unter welchen Konrad von Meissen

---

consilium ineunt. igitur *Conradus* — — ab omnibus, qui aderant, expositur ad regnumque levatus in *palatio Aquis* coronatur.

sen gewesen ist a), um den **König** zu begrüßen.

Allein

---

a) *Otto Frising.* libr. VIII. cap. 22. & 23. pag. 153. — Principum, qui *Bambergae* adfuerunt nomina perstant in diplomate *Conradi regis* pro *Monasterio S. Blasii* dato ap. **Herrgott**, T. II. pag. 159. — Folgende Stelle beweist, welche ansehnliche Güter dieser Konrad von Meissen gehabt habe, und beleuchtet die damalige Geschichte: Ante *annum* 1116. *Conradus Comitatum Camburgensem* jam possederat ab *Agnato Wilhelmo Comite Camburgensi* haereditario jure acceptum, cui paulò post *Dominium Torgauiense* accedebat. Cum *a.* 1127 *Henricus junior Marchio de Ilberg* vulgò dictus, reipsa verò *Marchio Misnensis* facto suo fungeretur, non solum *Comitatus Ileburgensis*, sed ipsa quoque *Marchionis Misnensis* dignitas ad ipsum pervenit. *A.* 1136. post mortem Henrici, qui *Wiperti Comitis Groicensis* Filius erat, *Marchionatus Lusatiae* cum

Comi-

Allein Eiferſucht mußte gleichſam die Wonne dieſer Feier umwölkrn. Herzog Heinrich und Baierns Fürſten erſchienen nicht. Ohnerachtet der Vorladung Heinrichs auf den Hoftag zu Regensburg über-

---

Comitatu Groicenſi & terris variis ad hunc pertinentibus *Conrado* ceſſetunt. Sequebatur a. 1139 *provincia Rochlienſis* idque beneficio *Conradi imp. Comitatus Bremenſis* ad ipſum ſpectavit, quem *à Comitibus palatinis Groſecenſibus* & *Weiſſenburgenſibus* nactus fuerat. Conjugem habuit *luitgardem. Bruſchius in chron. monaſt.* pag. 165. vocat *Comitem* de *Ravenſtein* & *Itzenberg.* arcem *Ravenſtein Reſpublica Ulmenſis* hodie poſſedit. arx *Irzenberg,* hodie *Itzelberg* in *Dominio Heidenhcim* haud procul *à Ravenſtein* adhuc ſupereſt, cujus telonium *Comites Helffenſteinii a.* 1449. *Ulmenſibus* vendiderunt. cfr. diſſert. XV. *de Luitgarde* in *Wegelini Theſaur. rcr. Suevicar.* T. III. pag. 253. & 255. §. 1. & 4. ſqq.

überreichte er die königlichen Insignien nicht. Kriegsdrohungen sollten nun das letzte Zwangsmittel sein, und er wurde noch einmal nach Wirzburg berufen. Nichts galt. Nur trotzender Muth waren seine Gegenwehr. Solche Handlungen mußten die Triebfedern ohnversöhnlichen Hasses werden. Er erfolgte. Auf dem Hoftag zu Goslar nahm ihm endlich der König das Herzogthum Sachsen, und gab solches dem Markgrafen Albrecht aus dem Anhaltischen Hause a). Von Sachsen gieng er nach Baiern, und gab dieses Herzogthum Leopold dem V. Markgrafen von Oesterreich b). Sachsens alte Treue gegen ihren Herzogen war noch nicht erloschen, denn nach Heinrichs Tod, welcher den 20. October

---

a) *Annal. Saxo* ad *ad* 1139. in *Eccardi corp. hist. med. aevi.* T. I. col. 681. sqq.

b) *Otto Frisingens.* libr. VII. cap. 22. & 23. pag. 153. sqq.

tober 1139 zu Quedlinburg a) erfolgte, konnte Heinrich der Löw ihr Herzogthum ohne die mindeste Verbindung gegen den Monarchen behaupten. Baiern aber blieb, so lange Konrad lebte, in Oesterreichischen Händen, ohnerachtet der junge Herzog zu Sachsen alles anwandte, sich solches als sein Erbtheil wieder zuzueignen.

Dieser Herzog Heinrich hinterließ mit seiner Gemahlin Gertrud, Kaisers Lothar II. Tochter, welche nach ihres Gemahls Tod mit männlicher Strenge das Herzogthum Sachsen beherrschte, und die
in

---

a) Deinde facto colloquio in *Quidelingaburch Henricus* nobilissimus atque probissimus *Dux Bavariorum* atque *Saxonum* veneficio ibidem vitam finivit. *Corpus* ejus *lutterae* ad dextram *Lotharii imp.* positum est. *Scheidii origg. guelfic.* T. II. libr. VI. cap. IV. §. 30. pag. 356. sqq.

in einer Urkunde vom Jahr 1141 a) Her‍zogin von ganz Sachsen (Ducissa totius Saxoniae)

---

a) *à Marcholfo Archiepiscopo Moguntino* vocatur in diplomate pro *coenobio Fridesfela* a. 1141. dato *totius Saxoniae Ducissa*. *Scheidii origg. guelfic.* T. II. libr. VI. cap. IV. §. 32. pag. 358. & in probatt. dipl. ad libr. VI. nro. 87. pag. 549. sqq. — Verglichen damit was Jung in seiner Geschichte der Grafschaft Bentheim sagt, libr. III. cap I. §. V. pag. 151. sqq. Credibile quidem est, *à Gertrude*, cum *Ottoni Rineccensi* nuberet, *Comitatum Bentheimicum* in *Dotem* allatum fuisse, idque eo magis ad verum accedit, quod *Saxonicus Ducatus* erat in *Majorum suorum patrimonio*, fraterque ex affinitate *Lotharius* illum conjunctum habuit, natus scilicet *Ostfaliam* jure matrimonii, & a. 1106. *Angariam* cum *Westfalia* beneficio *Caesaris Henrici V.* totumque deinde transmittens ad *generum Henricum superbum* atque *Nepotem Henricum Leonem.*

Saxoniae) genannt wird, einen einigen Sohn Heinrich, ohngefehr zehn Jahr alt, den man den Löwen nach dem hieß, und der durch seine Tapferkeit und Klugheit glücklich herrschte a).

Welf, Herzog Heinrichs Bruder, stöhrte Leopolds baierischen Besitz. Dieser war Welf der III. b). Heinrich des Schwarzen, Herzogs in Baiern, Sohn, eines der erleuchtesten Fürsten seines Jahrhunderts. Uta war Gottfrieds, Grafen von Calwe und Tübingen, auch Pfalzgraf bei Rhein Tochter c).

Dieser

---

a) *Scheidii origg. guelfic.* T. III. libr. VII. cap. I. §. 1. pag. 9. welche dessen Geburtsjahr in das Jahr 1129 setzen.

b) *Cit. origg. guelfic.* T. IV. in *Stemmat. gnelfor.* pag. 82. vocatus *Welfus III. Dux Spoleti, Marchio Tusciae, Princeps Sardiniae, & Dominus domus Comitissae Mathildis.*

c) *Scheidii origg. guelfic.* T. II. libr. VI. cap. 101. §. 57. pag. 389. occurrit in duabus

Dieſer Gottfried von Calwe a) ſtammte aus einem der älteſten uud edelſten Geſchlechter

duabus chartis in *probatt. dipl.* ad libr. VI. nro. 77. pag. 532. in prima: *Comes Hermannus de Saxonia & Gotefridus Comes de Calwe*, *Henrico V. imp.* Eccleſiam ad *portas Ratisbonnae* confirmanti adſiſtunt. de *a.* 1111. actum *Goslariae.* in altera nro. 161. pag. 648. *teſtes* in diplomate *Henrici V.* pro *Alpersbachenſe Monaſterium* ſunt: *Gottefridus Comes palatinus de Calewo*, *& Adelbertus Comes de Löwenſtein* Fratruelis ejusdem *palatini.* de *a* 1123. dat. *Argentinae.*

a) Sattler in ſeiner topographiſchen Geſchichte des Herzogthum Würtenberg cap. XVII. pag. 199. §. 7. giebt folgende Urſach an, warum Gottfrid Pfalzgraf genannt wurde; als nemlich Pfalzgraf Sigfried am Rhein mit Gottfried von Bouillon 1096 in das Gelobte Land zog, habe der Pfalzgraf dem Gottfrid von Kalw die Verweſung anvertraut, welches auch das *Chron. Blabyrenſe ad a.* 1112 beſtätiget, wo dieſer Gottfrid ausdrücklich

ter in dem rheinischen Franzien (ehedem Francia Teutonica) deſſen Anherrn ſchon zu Kaiſer Ludwig des Frommen Zeiten als Erbherrn der Burg Calwe an der Nagold in dem rheiniſchen Wiringau, und als Stifter des Gotteshauſes des h. Aurelius zu Hirſau, ſo in eben dieſem Gau, und der rheinfränkiſchen Diöces Speier gelegen war, ſich berühmt machten a) Dieſe Herren von Calwe beſaßen die Grafſchaft Ingersheim, die ſich durch den Murrgau bis in den Wiringau erſtreckte. In dem Murrgau, worin Ingersheim lag,

---

ſich ein *Comes palatinus Rheni* geheißen wird. Dieſer Gottfried war alſo kein *Palatinus Sueviae*, ſondern *Vicarius palatini Rheni*.

a) Kremer in ſeiner Geſchichte des rheiniſchen Franziens 1. Abſchn. pag. 33. & 84. sqq. beſchreibt deutlich die Grenzen dieſes Gaues, womit ebenangezogene topographiſche Geſchichte von Sattler, vom Nagold zu vergleichen iſt. cap. XXXV. pag. 352. sqq.

lag a), entstand insbesondere daraus die Grafschaft Löwenstein, welche von der

Burg

a) Cfr. codex Laureshamen. dipl. Vol. III. nro. 3504. pag. 135. sqq. Sattler in seiner Würtenberg. Gesch. T. I. IV. Absatz §. 33. pag. 514. beweist, daß die Grafen von Vayhingen von dem Grafen von Calwe abstammten. §. 38. pag. 524. wo er die Orte, die zur Grafschaft Calw gehörten, herzählt, V. Absatz §. 27. pag. 636. sqq. wo er ihre Macht beweist. Cit. auct. T. II. 3. Abschn. §. 3. pag. 160. erhärtet, daß die Grafen von Calwe vormals ihre Truchseße gehabt haben, indem Conrad Stabelherr, welches Geschlecht Truchseßen von Waldeck hieß, einer Vestin zwischen Wildberg und Calw an der Nagold. Konrads Nachkommen verkauften ihre Güter in der Grafschaft Calw an die Grafen von Würtenberg. Konrads Grosvater hieß auch Konrad, und schrieb sich Truchseß von Waldburg. Seines Vaters Bruder Konrad nannte sich den Waldvogt. Sein anderer Bruder von Neuenburg und der dritte war Kirchherr zu Gechingen. §. 84. pag. 294. Graf Eberhard der Gräner eroberte kaufweis die halbe

Burg Löwenstein auf den Grenzen des rheinischen Franziens und Ostfrankens ihren Namen erhalten, und ein Erbstück des Calwischen Geschlechts gewesen ist. Graf Adelbert II, zu Calwe, und Wiltrud oder Wilga, Herzog Gottfrieds in Niederlotharingen Tochter waren dessen Eltern.

Allein diesen Gottfried von Calwe als einen Grafen von Tübingen anzugeben, ist deswegen falsch, weil dieses Grafengeschlecht erst um die Mitte des XII. Jahrhunderts die Pfalz in Schwaben ererbte, und Gottfried

---

halbe Grafschaft Calw, die Stadt und Amt Böblingen, und Sindelfingen, die Herrschaft Waltenbuch, Herrenberg, Bottwar, Laufen, Nagold und Ebingen, die halbe Herrschaft Hornburg, Vayhingen und Brackenheim, nebst dem ganzen Herzogthum Tek. — dessen topographische Geschichte cap. XXVI. von Vaihingen pag. 244. sqq. von Ingersheim cap. XL. §. 4. pag. 398. sqq.

fried war kein Schwabe, sondern ein teutscher oder rheinfränkischer Herr; auch haftete zu seiner Zeit die schwäbische Pfalz noch nicht auf Tübingen, welches in Allemannien oder der Kostnizer Diöces lag, sondern die ältern Pfalzgrafen waren vor der Mitte des *XII.* Jahrhunderts in Schwaben oder der Augsburger Diöces, und zwar in Albgau ersichtlich a). Gottfried war Pfalzgraf der Franken, des vornehmsten Volks, und zwar im rheinischen Franzien, welches demselben nebst dem Herzog Friderich von Schwaben, als königlichen Verwesern, während der Abwesenheit des Kaisers anvertrauet war, wo mit Grunde zu vermuthen ist, daß die Ausdrücke Pfalzgraf bei Rhein und der Franken (Comes palatinus Rheni, & Comes palatinus Francorum) gleichbedeutend seien.

Dieses

---

a) Crollius erläuterte Reihe der Pfalzgrafen von Achen, 2. Fortsetzung, pag. 190. sqq.

Dieses Gottfrieds Tochter war Utha a), Erbin der väterlichen und mütterlichen Herrschaften, vermählt 1129, ward Wittwe 1191, und hieß seitdem Herzogin von Schaumburg, ihrem mütterlichen Erbgut im Schwarzwald, stiftet das Kloster Allerheiligen im Schwarzwald 1196, vermählte sich mit Welf III. Herzog zu Spoletto, Herzog Heinrich des Schwarzen in Baiern Sohn, und starb 1191.

Es ist erwiesen, daß die teutschen Franken das erste und siegende Volk seit Anfang der teutschen Monarchie in den Comitibus palatii oder obersten Pfalzgrafen des Reichs ihre besondere Pfalzgrafen verehret haben. Allein, nachdem die Würden, Aemter, Lehen, Erb und Eigen, nebst übrigen Gerechtsamen dieser Fürsten, nach dem ohnbeerbten Abgang Herzog Konrad des Jün-

---

a) Ihre Mutter war Luitgard von Zähringen, Sachs Badische Gesch 1. Theil. 2. Abtheil. §. VI. pag. 31.

Jüngern im Jahr 1039 den salischen Königen als nächsten Agnaten angefallen war, so haben, aller Wahrscheinlichkeit nach, die Könige das Amt eines Pfalzgrafen der rheinischen Franken oder Comitis palatii den Pfalzgrafen der ripuarischen Franken zu Achen übertragen.

Dieses Pfalzgrafenamt in dem rheinischen Franzien ward hernach seit dem Jahr 1156 in der Person des Herzogen und Pfalzgrafen Konrads mit noch mehreren Gerechtsamen und Ueberresten des nach Abgang des kaiserlich salischen Hauses an die Hohenstaufische Herren ganz verfallenen Herzogthums der Franken zusammen vereiniget, so, daß der Mönch des trois Fontaines a) (trium Fontium) die Nachfolger gedachten Pfalzgraf Konrads, besonders Otto den Erlauchten von Baiern mit desto mehrerem Grunde einen Großpfalzgrafen

---
a) Pag. 44. & 45. sqq.

grafen bei Rhein nennt; denn sie besaßen zwei Pfalzen, die ripuarische zu Achen, und die oberste Pfalz der rheinischen Franken a). Gottfrieds Gemahlin war Luitgard, wie ich in vorhergehender Note anmerkte, Herzog Berthold *II.* von Zähringen Tochter, und der Herzoge Bertholds *III.* und Konrads Schwester b).

Kaiser Konrad *III.* vermählte sich mit Gertrud, Berengars Grafen von Sulzbach Tochter c). Ein ruhmvoller Zeitpunkt, wo

---

a) Crollius weitere und fortgesetzte Erklärung unter Friderich *I.* pag. 172. sqq.

b) *Crusii annal. Suev.* part. II. libr. 8. cap. 6. pag. 264. — cfr. dissert. XVI. *de Comitib. Calwens.* in *Wegelini Thesaur. rer. Suevicar.* T. III. pag. 259 — 269.

c) Diese Gertrud kommt in jener Urkunde vor, wo K. Konrad III. die Kapelle der Reichsburg Grunen (Capellam castri imperialis Grune sive Grona) dem Probst des Klo-

wo das Haus Sulzbach mit dem salisch-
fränkischen, und nachher Hohenstaufischen
gleichsam verschwistert wurde, und ich behaupte nicht zu viel, wenn ich sage, daß wir
von nun an die ohnunterbrochene Freund-
schafts= und Geschlechtsreihe in ächter Geschichtsaufklärung fortsetzen können, noch so
mächtig auflebend in dem letzten sulzbachischen
Herzogen und nunmehrigen Erzfürst des
rheinischen Franziens und Kurfürst des
Reichs Karl Theodor!

Solche
sters Fredeslone (praeposito Monasterii
Fredesloensis) schenkt. Sie ist gegeben zu
Nürnberg im Jahr 1146, und findet sich im
letzten Band T. V. der *origg. guelficor.*
welcher *Supplementa* enthält, und den
Heinrich Jung zu Hannover herausgab 1780.
pag. 26. sqq. — *Gertrudis Berengarii Comitis
de Sulcebach filia, Emanuelis Imperatoris conjugis Irenes soror, Conradi III.*
nupsit. *Heumann de re dipl. impera-
tricum* cap. V. §. 135. pag. 232. sqq. —
Struvii corp. hist. germ. T. I. period. VII.
sect. I. de *Conrad. III.* pag. 441. not. 66. sqq.

Solche Eheverbindung mußte auch zugleich zwischen zwei mächtigen Fürsten das engste Freundschaftsband erwirken.

Der Wittwe Herzog Heinrichs, Kaiser Lothars Tochter, gab er seinen Bruder Markgraf Heinrich zum Gatten, und mit ihm das Herzogthum Baiern; ihr Sohn aber Heinrich der Löwe bekam das Herzogthum Sachsen 1142 wieder zurück a) welches er Herzog Albert nahm.

Heinrich

---

a) *Dodechinus* ait: *Rex pascha Verzeberg* (forsan *Wirtzburg*) celebravit, & inde post festum transiens, *Francofurt* venit, in *dominica Misericordia*, & ibi *Curiam* habuit, ubi convenerunt *omnes pene principes teutonici regni*, ubi & *Saxones* in gratiam *Regis* venerunt. Et *Filius Henrici Ducis Ducatum Saxoniae suscepit* cujus *Matrem Rex Fratri suo Henrico Marchioni* ibidem copulavit, & *Ducatum Bojariae tradidit.* — *Otto Frising.* libr. VII. chron. cap. 26. Non multo post
Saxo-

Heinrich des Löwen Patrimoniallande, und dessen Allodialherrschaften waren von einem wichtigen Umfange. Zeugen seiner nachherigen Größe und Macht. Denn sie erstreckten sich 1) durch ganz Sachsen diesseits der Elbe, zwischen die Elbe und den Rhein; 2) durch das überelbische Sachsen, und durch die Gauen (*Pagos*) Stormaren, Ditmarsen und Hollstein; 3) durch das überelbische Slaven (*Slaviam transalbingiam*); 4. außer Sachsen in das Fränkische (*in terras Francorum*) a)

Saxoniam ingressus, data in *uxorem vidua Ducis Henrici, Lotharii imp. Filia Fratri suo Henrico Marchioni*, pacem cum *Saxonibus* fecit, eidemque *Marchioni Noricum Ducatum*, quem Consilio *Matris Ducis Henrici Filius* jam abdicaverat, concessit. *Scheidii origg. guelfic.* T. III. libr. VII. cap. I. §. 5. pag. 11 & 12. sqq.

a) *Grupen origg german.* T. II. pag. 313. sqq. — *origg Lüneburg.* cap. X. observat. IV. sqq.

Nichts war Kaiser Konrad dem III. mehr angelegen, als die Gröse des Reichs und dessen Wohlfahrt. Zeugen sind die verschiedenen und zum Besten des Vatterlands so feierlich gehaltene Hoftage und Versammlungen, als jene zu Salzburg, Fuld, Merseburg, Speier, Nimwegen, Koblenz und Regensburg. Dieser letztere war der merkwürdigste in Ansehung des bairischen Friedens, den Pfalzgraf Otto, ein Mann voll kriegerischen Muths, so oft störte, welchen aber der Kaiser mit Belagerung seiner Burg Kehlheim so schreckte, daß er sich demselben mit seinem Sohn Otto unterwarf. Dieser ist jener Otto von Wittelsbach, der nachgehends unter Kaiser Friderich dem I. durch seine Tapferkeit und herrliche Thaten das Herzogthum Baiern erhielt.

Zu

---

verglichen mit *Scheidii origg. guelfic.* T. III. libr. VII. cap. I. §. 14. & 15. pag. 22. & 23. sqq.

Zu Wirzburg und Altenburg hielte er noch Hoftage, wo er nach Rom gehen wolte; allein er starb den 15. März zu Bamberg 1152 a). Noch kurz vor seinem Tod sah er die Hofnung zum Kaiserthum für seinen siebenjährigen Sohn vereitelt; er empfahl seinem Brudersohn Herzog Friderich von Schwaben den Fürsten, gab ihm die Reichsinsignien (*regalia insignia*) und bat die Reichsstände ihn als Reichsnachfolger zu erkennen b); seinem Sohn

---

a) *Chron. Stederburg* in *Meibomii script. rer. germ.* T. I. pag. 454. sqq. — *Felleri monument. inedit. Excerpt. ex chron. Coloniens.* pag. 12. sqq.

b) Denn obgleich Konrad III. seinen Vetter Friderich benennte, ware dieses doch wohl nichts mehreres, als eine wohlgemeinte Anempfehlung, und konnte auch keine weitere Wirkung haben. Das Mehrste kam in dieser Wahl auf die grose *Principes regni* an, die hier *Summi principes* genennt werden. *Principes*

Sohn aber, wenn er zu männlichen Jahren käme, das Herzogthum Schwaben abzutretten a) Dieser Friderich, von seiner Burg der Rothenburger genannt, starb, da er in Italien ziehen wollte, an der Pest, und seine Güter fielen dem Kaiser anheim. Schwaben gab er seinem Sohn Friderich, und die Herrschaften, die Friderich in Franken hatte, seinem Sohn Konrado b).

Der

---

pes regni universi, die Fürsten oder Vornehmsten des ganzen Reichs wählten demnach, oder sprachen die Sache, wie es sonst heist, mit Urtheil aus, *caeteri proceres*, worunter die schlechte oder geringe Fürsten mit begriffen waren, bezeugten die Zufriedenheit; und *Populus*, alle übrige *Militares*, das Volk stimmte durch ein Vivatrufen bei. Senkenberg lebhafter Gebrauch 2c. cap. III. §. 47. pag. 115. sqq.

a) *Chron. Urspergens.* pag. 214. sqq.

b) *Friderico*, qui secundus natu erat filiorum, *Ducatum Sueviae* cum haereditate *Welfonis*

Der gelehrte Historiograf Oetter a) liefert uns von diesem Kaiser einige merkwürdige und seltene Nachrichten. Herzog Konrad, ehe er zum königlichen oder kaiserlichen Thron erhoben wurde, war des Hochstifts Wirzburg Schirmvogt (*advocatus*). Als König behielt er diese Advocatie bei, und ließ sie in seinem Nahmen verwalten. Eine wahrhaft wichtige Bestätigung des Ansehens solches Amts!

Die Herrschaft Rothenburg behielt er als ein Eigenthum, und mit ihr die damit verbundene Advokatie über das Hochstift Wirz-

---

fonis & praediis *Rudolphi Comitis de Phullendorf* concessit. *Cunrado* veri dignitatibus Beneficiis, & praediis *Friderici Ducis de Rotenburch* ditato K. *Güntherus* in *Ligurinum* libr. I. nro. 84. — in *Reuberi script. caesar.* pag. 451. sqq.

a) Oetters Ahnenbelustigung 1.B. in der Erläuterung des fränkischherzoglichen Wappens. §. 12. pag. 34.

Wirzburg. Eine Urkunde des Bischofs Emerich (*Embricho*) zu Wirzburg vom Jahr 1138, vermöge welcher er die Pfarre zu Onoldsbach dem dasigen Gumbrechts-stift schenkt, bezeugt es. Diese Schenkung geschah in Gegenwart Kaiser Konrad III. (Haec in praesentia Domini nostri Conradi Regis tractata & confirmata sunt). *Dominus* heist hier Landesherr, deswegen es den Worten *Conradus* und *Rex* vorgesetzt ist. Er war Herr zu Onoldsbach und Wirzburg, des Hochstifts Advokat, und verwaltete da die gröfere Schirmvogtei (*advocatiam majorem*).

Nicht als teutscher König, sondern als Herr der Herrschaft Rothenburg an der Tauber versah er diese Advokatie; solches Amt blieb mit seinen darauf haftenden Rechten bei Konrad des *III.* Familie. Dessen einziger Prinz Friderich, welcher als Herr von Rothenburg diese Advokatie miterbte,

verwefte

verweſte den wirzburgiſchen Dukat, ja man nannte ihn insgemein **Herzog von Rothenburg**.

Herzog Friderich hatte von gedachtem Hochſtift Lehen beſeſſen, die er zum Theil einem Grafen oder Herrn von Truhendingen wieder verliehen hat a). Von dieſer Advokatie rührten dieſe Lehen her, welche er vom Hochſtift Wirzburg ſtatt einer Beſoldung hatte, denn er ſetzte immer an Kaiſer Friderich des I. Seite einen Unterſchirmvogt (*vice vel ſubadvocatum*), welcher Albert von Truhendingen geweſen iſt.

Da aber Friderich von Rothenburg und mit ihm das hohenſtauſiſche Haus ausſtarb, welche bisher den wirzburgiſchen Dukat erblich verwalteten, ſo ertheilte Kaiſer

---

a) Siehe die Urkunde in Senkenbergs Abhandl. *Tabula judicii comitis palatini in caeſarem*, in deſſen Vorrede Seite 21. ſqq. *actum Wirzeburc anno* M.C.LXV.

Kaiser Friderich der I. auf dem Reichstag zu Wirzburg 1168 dem damaligen Bischof Herold diesen Dukat, dessen Grenz-
bezirke aber sich so weit nicht erstreckten.

Konrad des III. Regierung währte fast
sechzig ehrenvolle Jahre. Er liebte die Gerechtigkeit, war tapfer im Krieg, klug in öffentlichen Versammlungen, Allen bescheiden,
von den Teutschen geliebt; und dieses sind
hinlängliche Züge, sein Andenken unvergeßlich
zu erhalten a).

Wenn uns die kostbaren Denkmäler des
XII. Jahrhunderts, und die öffentlichen
Reichseinrichtungen noch so stolz in ihren Ue-
berresten

---

a) *Gottefrid. Viterbiens.* qui in ejus ministe-
rio fuit, hoc ipsi epitaphium posuit part.
17. pag. 513. *Senecca consilio, Specie
paris, Hector in armis. Chron. reg. S.
Pantaleonis* ad a. 1151 — *Mascov* Comment. de *Conrado III.* libr. V. pag. 308.
sqq.

berresten auflebend, auf der einen Seite Neuheiten darbieten, so lernen sie uns auf der andern die Nothwendigkeit ihrer näheren Kenntniß. Die Ab- und Zunahme damaliger Sitten, die Gebräuche, Einrichtungen, Gesetzgebung, der Religionszustand, und selbst Volkskarakteristik sind ihre Bestandtheile, immer die Verherrlicherin Wahrheit. Fürwahr diese Epoche ist eine der wichtigsten, denn ihre Aufklärung entwickelt viele Merkwürdigkeiten im Stats- und Lehnrecht.

Des Kanzlers Würde bestand unter seiner Regierung nur im Briefeschreiben, und neben dem Kanzler waren die Notarien des Hofs oder Pallasts (Notarii curiae S. Palatii), die vom Zeitalter Friderich I. an Protonotarien genannt wurden, weil sie anstatt des Kanzlers die Aufsicht über die königlichen Urkunden hatten a)

---

a) *Muratorii* dissert. *de Notariis* in *antiquit. medii aevi* T. I. dissert. XII. sqq.

Das Zeichen öffentlicher Feierlichkeit waren die königliche Höfe; dort erfoderte Vasallenpflicht zu erscheinen, und ihr Geschäfte war Sachwalter oder Vertheidiger zu sein. O! der edlen altteutschen Einfalt, die noch damals in den Gerichten herrschte!

Nach den Volksgesetzen war die Einrichtung auch verschieden. Gleichheit und Freiheit sich umarmend entschieden, und so rechtete der Freie über den Freien. Nur dem **Herrn** allein trug man die **Lehenssachen** vor; die **Lehensleute** schlichteten dieselbe, und dieses ist jene **Gerichtbarkeit** (beneficialis illa justitia) die **Heinrich Herzog von Sachsen**, da er **Baiern** foderte, von **Kaiser Konrad III.** verlangte.

Aber nichts mehr erschwerte die öffentliche Friedensschützung, als die Gewohnheit Krieg zu führen, noch ein rasches Volksgepräge, zu sehr teutschen Männerseelen faßbar! Oeffentliche Gewalt zwang man durch

Waffen,

Waffen, verfolgte den Schuldigen, und zog ihn vor Gericht, jenes so lang in öffentlichen Gerichten, selbst im königlichen Hofe (*curia regali*) daurenden Gebrauchs, daß die Unschuldigen mit schreien klagten a), welcher Geschreie die Lehensgesetze sogar erwähnen.

Und solches sind die ruhmvolle Denkmäler dieser Regierung, erhaben genug, weil Konrad der *III.* der erlauchte Stifter und Beförderer derselben gewesen ist.

Mitbrüder des Vatterlands! So eines Fürsten Asche verdient Segen, und wir zollen ihr Thränen, Thränen der Liebe, teutschen Gefüls.

―――――――――――

a) *Caesar. Heisterbacensis.* libr. IX. cap. 47. sqq.

Friderich der I.

Entfernt, daß ich der vorigen Beherrscher des Reichs Gröse hier tadeln, oder ihre Unsterblichkeit, welche sich so tief in der Nachkömmlinge Herzen geprägt, nicht preisen wollte; Vatterland! daß ich deine so eble, erhabene Fürsten, Teutschlands Erretter, nicht zum zweitenmale anstaunen sollte, so muß ich doch freimüthig bekennen, daß dir noch ein unerschrockener, muthiger Mann fehlte, der dir deinen alten Glanz, den leider die damalige Zeitumstände und Unglücksfälle öfters hemmten, auf das neue herstellen und befestigen muste.

Sei uns denn willkommen, du beglückte Epoche! wo der ganze Reichsstat in eine neue Gestalt gleichsam umgeschaffen wurde, wo Friederich dein Held, dein zweiter Schöpfer wurde. Ich nenne seine Regierung das zweite Denkjahrhundert teutscher Geschichte. Auch unserer salischen Geschichte Schicksal ist um desto merkwürdiger, da sie durch das schon vorher so geheime und enge Freundschaftsband jetzt mit der Hohenstaufischen sich zur Ehre des Vatterlands, hauptsächlich aber unserer rheinisch‑pfälzischen Geschichte vereiniget.

Herzog Friderich von Schwaben und Hohenstaufen a), war ein Sohn Friderichs

---

a) *Fridericus* genuit *Fridericum de Buren.* Fuit ex *Comitibus palatinis de Tübingen* ant *Calwe* natus, inter quorum possessiones erat *Burense Monasterium* haud dubie antea *Castrum,* quam ab iis Deo consecraretur hodie *Blaubairen,* sive *Bura* ad *Blaviam. Burensis* ille *Fridericus* progenuit *Fridericum de Stophe* postea *Ducem Sueviae comites Sueviae* per excellentiam dicebantur *pala-*

richs Herzog von Allemanien, und Judit Heinrich des Schwarzen, Herzog in Baiern

palatini, uti *palatini Bavariae, Comites Bavariae, Landgravii Thuringiae, Comites Thuringiae, arcem* quoque quam *Fridericus* condidit *Stauffae superioris* id est. Hohenstauffen fuit. Cfr. *illustrissimi Senkenbergii dissert. de orig. Famil. august. Stauffens.* in *Commentat. Societat. reg. Göttingens.* T. III. *de anno* 1753. pag. 196 — 222. wo der gelehrte Herr Verfasser beweiſt, daß ſie viele Güter in der Wetterau und Heſſen gehabt haben, ja mit dieſen ſehr nahe verwandt geweſen ſeien, daher auch jene mit unſern Saliſern mit Gewißheit zu folgern iſt. — Sattler in ſeiner Würtenberg. Geſch. T. I. V. Abſatz §. 19. pag. 612. verſteht unter dieſem Beuren, Wäſchbeuren, von einem Ritter Konrad, der Wäſcher genannt, und welches im Nibelgow gelegen ſeie. Ueberhaupt finde ich ſchwer die ſattleriſche Gründe gegen die Senkenbergiſche genau zu entſcheiden, da dieſe beide ſehr gelehrte und in der Geſchichte verdienſtvolle Männer jeder ſeine Sätze mit den wichtigſten

ern Tochter a). Als nächster Anverwandter Kaiser Konrad des *III.* war er schon von diesem zum König bestimmt, und auch von den

tigsten Gründen unterstützet, und die ganze Sache vielleicht mehr auf witzigen Hipothesen als ächten Beweisen und Entscheidungen beruhen dörfte. Doch ist es nöthig für jede Geschichtsforschende dergleichen gelehrte und wahrhaft nützliche Streite genau zu durchlesen, um dadurch zu näherer Ueberzeugung in seiner Wissenschaft zu gelangen; ja, da es mein Gegenstand hier nicht erlaubt, Schiedsrichter zu sein, so wünsche ich zur Geschichtsaufklärung mehrere so gelehrt gedachte Zwiste. O, wie viele Vortheile würde die Geschichte und jeder sich Unterrichtende dadurch öfters gewinnen.

a) *Scheidii orig. guelfic.* T. II. libr. VI. cap VI. §. 59. pag. 391. sqq. — *Koeleri* Tab. I. & II. *Genealog. famil. august. Stauff.* — *Aeneae Sylvii histor. Friderici III. imp.* in *Kollarii analect. vindobonens.* T. II. col. 48. sqq.

den **Reichsständen** einstimmig erwählt a) Diese **Wahl** ist eine der merkwürdigsten gewesen.

---

a) *Otto de S. Blasio* cap. V. in append. *Fridericus Dux Suevorum a principibus Rex creatus — Otto Frising.* libr. II. de gest. *Friderici I.* cap. I. pag. 447. — *Conrado* mortuo suscepit *Nepos* ejus *Fridericus* Vir regium diadema probitate perornans. *Chron Gaufredi prioris Vosiensis in Labbei biblioth. mscta.* T. II. pag. 306. plus ad hoc operante strenuitate sua, quam Electione Teutonicorum. *Gervasii Tilberiensis otia imper.* in *Leibnitz script. Brunsf.* T. I. pag. 942. sqq. — Acta est celebritas *Frankfordiae* — inde *aquisgranum* delatus, sacri olei unctione perlimitur & coronatur. Rem sacram & solitas caeremonis peregit *Arnoldus Coloniensis Archiepiscopus*, reliqua administravere *Hellinus Trevirensis antistes Albertus Marchio Brandeburgensis Henricus Saxonum & Mathaeus Lotharingorum Duces. Tristani*

weſen. Im Jahr 1152 geſchah ſie das erſtemal zu Frankfurt am Mayn, wo wir die erſte, deutlichſte Spuren der Kurfürſten erblicken.

Die Feier dieſer Wahl verherrlichten viele italiäniſche Fürſten und andere Groſen. Unter den Fürſten, worunter die Biſchöfe, Herzogen, Markgrafen und Grafen gehörten, war ein merklicher Unterſchied.

Allein keiner ihre Gröſe ſtieg mehr uuter dieſer Regierung, als jener der Pfalzgrafen, beſonders aber derer bei Rhein, welcher in den Urkunden **Erzfürſt** (*magnus imperii princeps* genannt wird, und der allzeit der vorzüglichſte bei dem kaiſerlichen Hoflager war.

Brüder-

Triſtani Calchi hiſtor. medjolanenſ. in *Graevii Theſaur. antiquit. italicar.* T. II. part. I. libr. VIII. col. 217.

Brüderliche Liebe mußte die Triebfeder des hohen Ansehens der Pfalzgrafen sein. Pfalzgraf Konrad, der jüngere Bruder Kaiser Friderich des I., deſſen Tapferkeit und brüderliche Verehrung geprieſen wird a), war vermuthlich der ſogenannte Vereiniger der ſämtlichen fränkiſchen Pfalzen, welche von jeher in den vier Haupttheilen des oſtfränkiſchen Stats an der Seite jedes alten Erzfürſten, nach der eigenen Einrichtung der teutſchen Profinzen, von der Kaiſer wegen anzutreffen geweſen waren.

In jedem Hauptlande war nach Anleitung des Schwabenspiegels b) dem Pfalzerfürſten zugleich auch ein Pfalzgraf beigeordnet,

---

a) In *Morenae reb. Laudenſib.* ap. *Leibnitz ſcript. Brunſ.* T. I. pag. 825, 835, 836 & 839. ſqq. Senkenbergs lebhafter Gebrauch der teutſchen Rechte ꝛc. cap III. §. 71. pag. 174. ſqq.

b) Cap. 103. ſqq.

geordnet, Die vier oſtfränkiſchen Pfalzgrafen waren folgende: Die Pfalz zu Achen, deren Beſitzer wegen des daſigen von Karl dem Groſen aufgerichteten vornehmſten Reichshofs in größtem Anſehen und zugleich Schutzherren des trieriſchen und kölniſchen Erzſtiftes waren, und in der Mitte des XI. Jahrhunderts ſind die rheiniſchen Pfalzgrafen mit jenen von Achen einerlei Geſchlechts geweſen, da nicht lange darnach die niederrheiniſche Pfalzgrafſchaft derer von Reineck aus ähnlichem Grunde mit der letzteren vereiniget wurde a).

Das

---

a) Dieſe Grafen von Reineck entſproſſen aus dem erſten Geſchlecht der Grafen von Luxenburg, *Koeler Famil. aug. Luxenburg.* Tab. II. — *Bertholet. hiſt. luxenburg.* T. III. liſt. genealog. pag. 33. & l. 27. pag. 275. ſqq. Otto I. von Salm iſt der erſte welcher den Beinahmen eines Grafen von Reineck führte in Geſellſchaft ſeines ältern Bruders Hermann I. von Salm. Dieſe Burg Reineck

Das Truchsessenamt mit der fränkischen Pfalz haftete auf dem Nordgau, wurde zuerst von dem hohenstauffischen Konrad zugleich mit der schon lange vorher zusam-

---

Reineck, wovon dieser Luxenburg-salmische Abkömmling seinen unterschiedenen Beinahmen annahm, liegt am Rhein, unterhalb Andernach, ohnweit Brisich, und ist von der Burg Reineck, dem Stammhaus der Grafen Reineck in Franken und dessen Würzburgischen Diöces zu unterscheiden. Jenes lag unter kölnischem Kirchsprengel an dem Archgau, ganz von pfalzgräflichen Besitzungen umgeben. In diesem Gau besaß Pfalzgraf Hermann I. die Grafschaft des Bunnengaues im Jahr 993. Die Vogtei zu Brisich und Lüznich, ganz nahe bei Reineck, erhielten die Grafen von Jülich von den Pfalzgrafen zu Lehen, cfr. *act. acad. palat.* Vol. III. hist. in *histor. acad. documentor.* nro. 32. pag. 130. sqq. — Kremers Abhandlung *de Comitatu Nemoris*, wo der Jülichische Lehensrevers von 1230 in den Urkunden nro. 2. pag. 299. sqq. sich befindet. — Siehe auch Oetters Sammlung historischer Wissenschaften T. I. nro. 2. pag. 37—45. 1. Stück. sqq.

zusammenvereinigten rheinischen Pfalz besessen, und von dieser Zeit an kan die unterschiedene Benennung der Ober- und Niederpfalz aufgekommen sein a).

Im Jahr 1158 erhielt Gerlach die Herrschaft Limburg, Reinbold II. die Grafschaft im Einrich, und Siegfried diejenigen Güter, welche nachmals die Herrschaften Runkel, Westerburg und Schaumburg ausmachten. Reinbold verkaufte seinen Antheil an die Grafen von Nassau und Katzenelnbogen, und von dieser Zeit an wurde die Grafschaft im Einrich ein kurpfälzisches Lehen zum Vortheil des Pfalzgrafen

a) *Conradus* deindein virum evadens illustrem *Comes palatinus Rheni* creatus est. *Aeneae Sylvii hist. Friderici III. imp.* in *Kollerii analect. Vindobonens.* T. II. col. 49. — *Olenschlager. ad Aur. Bull.* §. 33. pag. 116. sqq. — *Crollii dissert. de Ducatu Franciae rhenensis* in *act. acad. palat.* Vol. III. histor. pag 448, 465, & 468. sqq.

grafen Konrads Friederich des I. Bruder a). Unter Friderich I. Regierung geschah erst die Hauptveränderung der vier Erzämter des Truchses, Schenkens, Marschalls und Kämmerers. Er brachte dieselbe von den grosen Herzogthümern ab, da er solche durch Könige, Herzogen und Markgrafen versehen lies b). Die Herzogtümer sind bisher in Betracht des Königreichs zu groß und mächtig gewesen, und der König oder Kaiser

---

a) *Martin Krämers* Nassauische Gesch. part. I. hist. pag. 337. §. 87. welcher in der Note 13. bemerket, daß die älteste salische Stiftung zu Gemünden auf die Herren von Westerburg gekommen seie. Das Weitere von dieser Grafschaft ist ausführlicher abgehandelt in Wenks Heßischer Landsgeschichte 1. Band sqq.

b) *Arnold. Lubecens.* cap. 9. pag. 661. officium *Dapiferi* seu *Pincernae, Camerarii,* seu *Mareschalli,* nonnisi *Reges* vel *Duces* aut *Marchiones* administrabant. *Otto de Blasio* cap. 26. *ad a.* 1184.

Kaiser ward durch einzelne Herzogen sehr eingeschränkt, öfters auch gar entkräftet und geschwächt. Schon seit zweihundert Jahren trachteten die Kaiser die Herzogen abzuschaffen, und einige erledigte Herzogthümer als Kammerländer entweder durch einen Grafen, durch Land= und Pfalzgrafen, oder durch Kammerprokuratoren verwalten zu lassen. Allein Herrschaft reizte sie zu sehr, der Triebfeder, warum sie sich zu Herren ihrer Nebenstände, und des verwesten Lands aufwarfen, und so dem Beispiele der entsetzten Herzogen folgten. Auf solche Art waren die Kaiser gezwungen, an ihren Platz wieder wirkliche Herzogen einzusetzen, wozu sie öfters die Prinzen ihres Hauses verordneten, weil sie sich auf dieselbe verlassen konnten, und weil deren Versorgung ihnen angelegen war.

In Nieder= und Oberlotharingen, in dem rheinischen Franken, und gewissermaßen auch in Ostfranken war zu Kaiser

Q Fride=

Friderich *I.* Zeit die untergeordnete Lehensverpflichtung, in welcher viele Bischöfe, Aebte und Grafen gegen den Herzog standen, bereits aufgehoben worden. In Baiern und Sachsen fand er noch Beschwernisse. Herzog Heinrich, dessen Ansehen dadurch würde vermindert worden sein, verhinderte es noch durch seine überwiegende Macht. Allein über Heinrichs ohngezähmte Herrschbegierde, theils aus Eigennutz und Habsucht, änderten alle untergeordnete Stände gegen ihn ihre Gesinnungen, und wurden dem Kaiser treue Anhänger. Eine erwünschte Gelegenheit für Friederich *I.* die alte Lehensverfassung umzustoßen, und anstatt einiger weniger sehr mächtigen Herren, viele kleinere und schwächere unmittelbare Stände in die Reichsversammlung einzuführen. Dieses geschah auf dem Reichstag 1180. Auf diesem wurden alle bairische und sächsische mittelbare Reichsstände, die bisher ihre Lehen vom Herzoge empfangen hatten, und

und für deren Verpflichtungen der Herzog dem Kaiser haften mußte, unmittelbar dem Kaiser unterworfen. Es wurden ferner neue Herzogthümer errichtet, und die Reichslehen von den Aemtern oder Bedienungen der Fürsten und Grafen auf die Länder, welche sie bisher verwaltet hatten, verlegt. Solche Länder nun sind erbliche Lehen geworden; ja einige dieser erhielten durch die List ihrer Besitzer, bald die Natur eines Erbguts, vermög deren sie zugleich mit den darauf haftenden Fürstenämtern unter die Kinder nach des Vatters Tod vertheilet werden mußten.

Die gewafnete und in verschiedene Lager getheilte Versammlungen auf den Reichstagen hörten auf. Die Völkerschaften verschwanden, und nur in Betracht des Reichsvikariats während einer Thronerledigung blieben zwei Representanten der fränkischen und sächsischen Nazionen, nemlich

der

der Pfalzgraf bei Rhein und der Herzog von Sachsen übrig. Wieder ein feierlicher Volksvorzug unserer rheinisch-pfälzischen Statsgeschichte!

Viele edle Herren, welche bisher unter der Grafen Anführung gewesen waren, wurden den Fürsten und Grafen in Betracht ihrer Unmittelbarkeit gleich, und der Kaiser bestrebte sich selbige durch diesen Vorzug dahin zu bringen, daß sie ihm ihre Allodien oder Erbgüter zu Lehen auftrugen, und, um diese Absicht desto geschwinder auszuführen, verstattete er den Töchtern die Reichslehen nach Abgang des männlichen Stammes zu erben. Selbst viele andere Stände beschenkte er mit der Landsgerichtsbarkeit, die nur zuvor die Pfalzfürsten und einige wenige besonders begnadigte Bischöfe, Aebte und Grafen gehabt hatten Durch die Regalien hemmte er den Gerichtszwang der Hof- und Landpfalzgrafen,

grafen, welches endlich den Untergang der richterlichen Reichsämter durch die Anordnung vieler Profinzial=Hof= und Landgerichte beförderte.

Solche erlauchte Einrichtungen mußten ohnstreitig dem Reichsstat ein erhabenes Ansehen geben. Zeugen sind die Erzämter. Das Erzschenkenamt a), welches zuvor Baiern hatte, kam an die Könige von Böhmen, so wie das Erzkämmeramt, so vorher auf Schwaben haftete, auf die Mark Brandenburg. Allein das Erztruchsessenamt blieb bei dem vornehmsten weltlichen Fürsten in Franken, dem rheinischen Pfalzgrafen, und das Erzmarschallamt bei dem Herzoge von Sachsen. So behielt Pfalzgraf Konrad bei Rhein, des Kaisers Bruder, das ehemalige rheinfränki-

---

a) Senkenbergs lebhafter Gebrauch der teutschen Rechte und Rechtssammlungen cap. III. §. 77. pag. 196. sqq.

fränkische Erztruchsessenamt, und der König von Böhmen bekam entweder damals, oder vielleicht schon im Jahr 1158, als Baiern dem sächsischen Herzog Heinrich wieder gegeben ward, das ehemalige bairische Erzschenkenamt. Das Erzkämmereramt, welches wenigstens auf jener Seite des Rheins der Herzog des lotharingischen Reichs, und nachher, wie es scheint, der Herzog von Schwaben gehabt hatte, bekam der Markgraf von Brandenburg und das sächsische Marschallamt wurde dem sächsisch-engerischen Herzog Bernhard zugetheilt. Alle diese Aemter wurden von den neuern Besitzern zum erstenmal auf dem Reichstag zu Mainz 1184 verwaltet, wo er auch zugleich seine Söhne Heinrich und Friderich wehrhaft machte a). Eine alte feierliche Handlung, teutscher Sitte geheiligt.

Das

---

a) *A. MCLXXXIV. Fridericus imp.* Sedatis in *Germanja* cunctis bellorum turbinibus

Das Wahl- oder Kurrecht blieb nun bei selbigem, folglich hörte nunmehro der große Vor-

bus generalem curiam cunctis regni optimatibus, in *Pentecoste* apud *Moguntiam* edixit, ibique *Filios suos Henricum & Fridericum Suevorum Ducem gladio accingi, armisque insigniri dispofuit. Otto de S. Blasio* append. cap. 26. ap. *Urstis.* T. I. part. I. pag. 210. — Oetters Ahnenbelustigung 1. Band, in deſſen Abhandlung *de cingulo militari* 4. Abſchn. §. 55. pag. 83. ſqq. Dieſes *Cinguli militaris* oder der eigentlichen Wehrmachung waren die Könige, Herzogen, Grafen, Herren und jene vom Kriegsstand fähig, welche letztere in den neuern Zeiten Wappengenoſſen hießen. Die Urſache, warum der König auf freiem Feld gewählt und Herzog, Heersführer (*Dux*) genannt wurde, wie ſolches Wittichind von Korbei beim *Meibom. script. germ.* T. I. pag. 642. libr. 2. ſqq. bezeugt, und weswegen ſich Teutſchlands Könige auf ihren Sigillen ehedem mit der *Hasta signifera,* oder *Clypeo* abbilden ließen. *id. auct. cit.*

T.

zug der fränkischen Nazion in Teutschland anf und ward von den Teutschen überhaupt auf die Wenden gebracht. Allein der Pfalzgraf bei Rhein war immer noch der Vornehmste, weil er zugleich Herzog der Ostfranken gewesen ist, und deswegen allein für einen fränkischen Herrn konnte gehalten werden, da alle übrige Pfalz- oder Kurfürsten Regenten wendischer Staten waren.

Der Markgraf von Brandenburg und sein Bruder der Herzog Bernhard gehörten zwar zu den Fürsten, welche von teutscher Herkunft gewesen sind; allein ihre Länder, auf die sie nachher die Kurwürde legten, bestanden aus wendischen Eroberungen; ja bis in das *XIV*. Jahrhundert behielt die Mark Brandenburg sogar wendisches Recht,

---

T. pag. 91. fqq. — *Anonymi Weingartenfis chron. de Guelfis* in *Gerardi Hefs Monument. guelfic.* pag. 50. fqq.

Recht, ein Kennzeichen ihrer Abſonderung von den Profinzen teutſcher Nazion. Selbſt durch prächtige Namen, und durch Gleichhaltung ihrer Länder mit Königreichen wurde nun das Anſehen der Kurfürſten verherrlichet. Seit dem Jahr 1156 iſt der Name Kurfürſten (*Electores*) gewöhnlich, da ihre Benennungen *Summi principum*, *Principes regni*, *Magnates*, *Imperii majores principes*, *Coelectores*, öfters *Reges* waren a).

Die pfalzgräfliche Kurwürde, oder das Erztruchſeſſenamt ward immer das Wichtigſte im Reich, denn dieſer rheiniſche Pfalzgraf (heut zu Tage die durchlauchtigſte Kurfürſten, als dieſer Lande Beſitzer) iſt zu betrachten: 1) als Herzog des rheiniſchen Franziens; 2) als oberſter Pfalzgraf des Reichs, und 3) als Pfalzgraf der ripuariſchen

---

a) Gebhardi genealog. Geſch. 1. B. 1. T. 2. Abſch. pag. 194. 195. und 196. not. Y.

puarischen Profinz a). Aber zwischen den Kurfürsten und Fürsten ist ein merklicher Unterschied gewesen, der darin hauptsächlich bestand, daß jeder Fürst seit dieser Zeit zum Unterscheidungszeichen seiner fürstlichen Würde das Recht der vier vornehmsten Erbhofämter besaß, und mußte in seinem Gebiete wenigstens einen untergeordneten Reichsgrafen haben; allein die Kurfürsten nahmen außer den Erbhofbeamten, auch einen Erbbeamten des heiligen römischen Reichs zu der Verwaltung ihres Erzamtes an. So mächtig gründeten die Erzfürsten des Reichs, besonders aber unsere rheinische Pfalzgrafen, unter diesem Kaiser ihr Ansehen und ihre hohe Würde, welche noch jetzt das Vatterland als Denkmäler teutscher Fürstengröse anstaunt und verehret.

Kaiser Friederich der I. hatte zwo Gemahlinnen. Die erste war Adelheid, Markgrafen

---

a) Kremers Abhandlung *de Comitatu Nemoris* in *act acad. palat.* Vol. III. hist. pag. 284. sqq.

grafen Diepolds von Vohburg Tochter, die er 1153 wegen allzunaher Blutsverwandschaft von sich stieß a). Die zweite hieß Beatrix, Reinhards Grafen von Burgund Tochter und deffen Erbin b), mit welcher er zeugte Friderich Herzog von Schwaben, Heinrich nachherigen Kaiser dieses Namens der

---

a) *Monach. Weingart.* in *Leibnitz script. Bruns.* T. I. pag. 793. *Anno M.C.LIII.* divortium factum eft *Conſtantiae* inter *Fridericum* & *Adilam Filiam Dipoldi Marchionis.*

b) *Otto Friſing. de geſt. Friderici I.* libr. II. cap. 29. pag. 471. — Haec *Beatrix* Filia unica extitit *Rainaldi Comitis*, qui fuit *Frater Geraldi de Vienna patris Gaucherii de Salins.* *Chron. Gaufridi prioris Voſienſis* in *Labbei biblioth. mſpta.* T. II. pag. 306. — apud *Herbipolim* cum *Beatrice Rainaldi Burgundiae Comitis Filia*, quae unica ex ſanguine *Burgundiorum regum* Virgo ſupereat, matrimonium contraxit; *Burgundiamque* exinde & *Arelatenſem* provinciam

der *VI.* Konrad Herzogen, Otto Grafen von Burgund, und Philipp König, die aber alle kurz nach einander starben a).

Das Burgundisch = teutsche Herzogthum wurde aufgehoben, und das beträchtliche Land im nördlichen burgundischen Reich, nemlich die freie Grafschaft Hochburgund kam durch diese Vermählung an den Kaiser, und ward von ihm 1167 als eine Pfalzgrafschaft zugleich mit dem Reichsvikariate im Reich Arelat dem Otto einem seiner Prinzen überlassen.

Hier

---

vinciam dotales accepit, cum vetus illarum provinciarum mos esset, deficientibus masculis ad *Faeminas Dominatum* pertinere. *Aeneae Sylvii hist. Frider. III. imp.* in *Kollarii analect. Vindobonens.* T. II. col. 61. — *Hoffmanni annal. Bambergens.* libr. 3. in *Ludewig script. Bamberg.* T. I. col. 128. sqq.

a) *Otto de S. Blasio* cap. 10. pag. 200. sqq.

Hier will ich nicht jener Zwiſtigkeiten erwähnen, die **Friderich** I. mit den **Päbſten** hatte; auch jener einigen Geſchichtſchreibern lächerlich dünken den Zeremonien, als jener des **Steigbügelhaltens**, die Politick geweſen iſt, und die den **Reichsſtänden**, welche es gern ſahen, zu ſchmeicheln geſchah; ich ſage es mit wenigem, **Friderich** war Mann, Held genug päbſtlichen Anfällen Trotz zu bieten. Er war ihr gefürchteter Freund, und ſein Ruhm konnte durch eine ſo geringe Handlung nicht geſchmälert werden; ſein Geiſt, ſeine Thaten waren viel zu erhaben, als daß ſie durch ſolches Kinderſpiel hätten können vrrkleinert werden; denn jeder Zeitraum hat ſeine Gebräuche, Sitten und beſondere Einrichtungen; und, wo iſt die Epoche, ſei es ſogar in unſern Zeiten, wo alles Aufklärung predigt, und wo Schriftſtellerſucht, Gelehrſamkeit und Laune gleichſam Mode iſt, die nicht noch Schlacken hat, die einer Reinigung bedarfen? Als eine ſolche Zeremonie wird ſie von Männern betrachtet,

von

von Flattergeistern, (den meisten heutigen Genien oder Schwärmern) belacht, weil Thorheit, Nichtkenntniß ihre sathe Gesellinnen sind. In Wahrheit, es wäre zu wünschen gewesen, daß das Reich immer solche Beherrscher gehabt hätte; der Päbste Ansehen und Macht, ehedem so schrecklich, würde gewiß nie so hoch gestiegen sein.

Schon bei dem Anfang der Regierung dieses Kaisers war Herzog Welf, Heinrich des Hochmüthigen von Baiern Bruder, mit der mathildischen Erbschaft 1154 abgefunden, aber unzufrieden.

Zwischen Heinrich dem Löwen Herzog von Sachsen und Heinrich von Oesterreich entschied er den baierischen Streit. Heinrich der Löwe bekam Baiern und Sachsen zugleich; doch so, daß das Markgraftum Oesterreich, und das Land ob der Enß davon abgesondert, und mit vielen Vorzügen endlich gar zu einem Herzogthum erhoben wur=

wurde a); auch Herzog Heinrich und seine Nachfolger sollten deswegen dennoch den anderen Pfalzerzfürsten gleich gehalten werden, und ihnen bei allen feierlichen Höfen jederzeit der erste Platz nach den Kurfürsten, so zum erstenmale mit diesem Namen in dem damals gegebenen grosen Gnadenbrief Kaiser Friderich I. vorkommen, und zwar zur rechten Seite des Reichs gebüren b).

Ein

---

a) *Dux Austriae*, heißt es im Lehenbriefe Kaiser Friderich I. principali inductus veste supposito *pileo ducali*, circumdato serto pinnito, baculum habens in manibus, Equo insidens, & insuper more aliorum *principum imperii*, conducere ab *imperio Feuda sua* debet. Datum *Ratisponae* 1156. Jeder Herzog hatte seinen besondern Hut, und wenn ein Markgraf oder Graf zu einem Herzog gemacht wurde, bekam er die Erlaubniß einen herzoglichen Hut führen zu dörfen.

b) *Olenschlager ad aur. Bull.* §. 27. pag. 89. Die Urkunde ist vom Jahr 1156. nro. 9.

pag.

Ein ehrenvolles Vorzugsdenkmal unserer **rheinischen Erzpfalzgrafen!**

Allein merkwürdig ist jene Freiheit, welche bei dieser Gelegenheit den österreichischen Herzogen in Ansehung ihrer Erbfolge ertheilet wurde; denn nicht nur ihre **erstgebohrnen Prinzen** sollten jedesmal, wie schon bei allen Pfalzerzfürsten in den grosen Herzogthümern üblich war, ihrem Vatter in der Landesregierung folgen, sondern auch der ältesten Tochter eines österreichischen Herzogs, der ohne Söhne dereinst verfallen sollte, ward zugleich auch die **untheilbare Erbfolge in allen Staten** ihres durchlauchtigsten Herrn Vatters für alle künftige Zeit zugesichret a).

Je=

---

pag. 24. *in codic diplomat.* sqq. — Diese Urkunde liefert auch Senkenberg in seinem vortrefflichen Werke vom lebhaften Gebrauch des uralten teutschen, bürgerlichen und Statsrecht ꝛc. cap. III. §. 49. pag. 123. usque 131.

a) *Otto de S. Blasii* append. in *Urstisii script. germ.*

Jedem Statsgelehrten muß diese Stelle auffallend und unterrichtend sein. Sie lehrt uns die Macht und Gerechtsame eines Kaisers, den Vorzug der **Pfalzgrafen**, welche allen vorgingen, und denen erst in dieser Epoche die österreichische Herzoge gleich geachtet wurden, denn die **Erbfolge** der **Prinzessinnen** in österreichischen **Landen**, wenn im Falle der männliche Stamm erloschen sein sollte.

Diese Theilung, welche so weise und vortheilhaft für beide Theile gewesen ist, gab zu neuen Gährungen Anlaß.

Heinrich des **Löwen** Uebermacht und Stolz waren die leidigen Folgen seines Untergangs. **Friderich** *I.* fand Gelegenheit, vielleicht aus Eifersucht mehr, als Strenge der Gerechtigkeit, ihn als einen Verletzer der Majestät

---

germ. T. I. part. I. *Chron.* cap. 6. pag. 198. — *Sigismundi Calles annal. austriae* part. II. libr. I. pag. 9. sqq.

jeſtät auf öffentlichem Reichstag zu Goslar 1180. anzuklagen, ihn in die Reichsacht zu erklären, und alle deſſen Länder ſeinen Nachbarn Preis zu geben a).

Das Herzogthum Sachſen kam an Bernhard von Anhalt b), und Baiern an Otto Grafen von Wittelsbach c), jenen Otto

a) *Scheidii origg. guelfic.* T. III. libr. VII. pag. 107. ſqq.

b) *Ottoni palatino de Wittinsbach Ducatum Noricum* conceſſit, ac *Bernhardum Comitem de Anhalde Ducatu Saxoniae* ſublimavit, acta ſunt haec *a. MCLXXVIII. Chron. Ottonis de S. Blaſio append.* cap. 24. ap. *Urſtis.* T. I. part. I. pag. 209.

c) Siehe Herrn Profeſſor Volzens vortrefliche Abhandl. von Otto *V.* Pfalzgrafen von Wittelsbach, erſten Herzog in Baiern, dieſes Geſchlechts, in den Abhandl. der baier. Akad. der Wiſſenſchaften VII. Band. § 9. pag. 131. — 143. ſqq. — In eben dieſen Akten 10. Band Ant. Joh. Lipowky genealog.

Otto, der voll edlen Gebluts, Ehrfurcht und Liebe für seinen Kaiser auf der Versammlung zu Besançon gegen den päbstlichen Gesandten den Degen zog, ja vielleicht das Leben selbst gewagt hätte, wenn der Kaiser, der zuviel Mann war, und seine Rache am geistlichen Gesandten nicht entweihen wollte, diese Gährung nicht gestillt hätte.

Die ganze Reichsverfassung bekam auf solche Art eine andere Gestalt. Friderich I. zerriß das Band der alten Herzogthümer,

und

log. Abh. von den Voreltern Otto des grosen, gebohrnen Pfalzgrafen von Wittelsbach, welcher im Jahr 1180 den herzoglichen Thron in Baiern bestiegen hat. pag. 3—89. sqq. Der nemliche Verfasser 3. Abschnitt §. 46. pag. 76. beweist, daß dieser Otto IV. mit dem Zunamen *Major*, als Pfalzgraf von Wartenberg in den Urkunden vorkam. Warttenberg ist jetzo ein kleiner Flecken in dem Gericht Erding. Auf dem Berge siehet man Ruinen einer allda gestandenen Burg, in welcher Pfalzgraf Otto seinen Richter hatte.

und mit denselben die bisherige Verbindung der Völkerschaften gänzlich.

Den neuen Herzogen von Baiern und Sachsen, von welchen letzteren er überdieß das Herzogthum Westfalen abzog, und dem Kölnischen Erzbischof Philipp zutheilte a), wurden

---

a) Merkwürdig ist der Lehenbrief, die Ursache warum ich ihn hier als Note einrücke: *Fridéricus romanor. Imp. femper auguftus* — imperii fidelium noverit univerfitas, qualiter *Henricus quondam Dux Bavariae & Weftphaliae*, eo quod ecclefiam Dei & Nobilium imperii libertatem, poffeffiones eorum occupando — — ac praecipuè pro evidenti reatu Majeftatis & fub feudali jure legitimo, trino Edicto ad noftram citatus audientiam, eo quod fe abfentaffet, nec aliquem pro fe miffiffet refponfalem, contumax judicatus eft, ac proinde *Ducatus Bavariae*, quam *Weftphaliae & Angariae*; quam etiam *univerfa*, quae
ab

wurden außer den Titeln wenige andere Vor=
rechte von solchen Würden gelassen.

ab *imperio* tenuerit *Beneficia* per una-
nimem *Principum* fententiam in *folenni
curia Wirziburc* celebrata & abjudica-
ta funt, noftroque juri addicta & pote-
ftati. Nos itaque habita cum *principibus* deliberatione & communi ipforum
cnnfilio *Ducatum*, qui dicitur *Weftphaliae & Angariae* indivifimus, & confide-
ratione meritorum, quibus *dilectus princeps nofter Philippus Colonienfis Archiepif-
copus* ad honorem imperialis coronae pro-
movendum & manutenendum — — gra-
tiae imperialis promeruit privilegium:
unam partem eam videlicet, quae in *Epis-
copatum* protendebatur, cum omni jure
& jurifdictione, videlicet cum *Comitatibus*
cum *advocatiis*, cum *conductibus* — —
Ecclefiae Colonienfi legitimo donationis ti-
tulo imperatoria liberalitate contulimus,
& requifita à *principtbus* fententia,
affenfu

Das Land Engern lag in den jetzigen Landschaften Kalenberg, Waldeck, Wevels-

---

an id fieri liceret, adjudicata & communi *principum*, & totius *Curiae* aſſenſu approbata, accedente quoque conſenſu *dilecti conſanguinei noſtri Ducis Bernardi*, cui reliquam partem *Ducatus* conceſſimus, praememoratum *Archiepiſcopum Philippum*, portione illa *Ducatus* ſua collata Ecclefiae, *Vexillo imperiali ſolemniter inveſtivimus*. Acta ſunt haec *anno domenicae incarnationis* M.C.LXXX. Datum in *ſolenni Curia* in *Gelinhauſen* in *territorio Moguntino id. April.* Oetters Ahnenbeluſtigung 1. Band, in der Erläuterung des ſächſiſchen Wappens pag. 16. ſqq. Dieſer Fahne war das Zeichen der Regalien. In dieſer nemlichen Urkunde vom Jahr 1180 Kaiſer Friderichs I. kömmt Siegfried Graf von Orlamünde vor, wie auch in den Jahren 1173 und 1165 Werner, und 1184 Arnold von Rothe als Zeugen. *Mſpta. palatina* nro. 63. Fol. 180. *a.* & 182. *a.* — *Domini* de *Orlamunde* occurrunt in *Codic. dipl. Mo-*

na-

velsburg, Büren, Korvei, Paderborn, Pirmont, Lippe, Ravensburg, Osnabrück, Hoya, Schaumburg, dem braunschweigischen Weserbezirke, dem Fürstenthum Verden, Bremen, Ostfriesland, Oldenburg und Gröningerland; das übrige südlichere Land machte das Herzogthum Westphalen aus.

nasler. Caldenbornens. dioeceseos Halberstadens. in *Schoetgens* & *Kreisigs diplomator. & script. germ.* T. II. pag. 689. sqq. Dieser Seifrid von Orlamünde wird sogar Pfalzgraf (*Comes palatinus*) genennt, in *dipl. de Monaster. & advocatiis Breitungensibus* ap. cit. auct. T. III. pag. 526. sqq. — Cfr. idem diploma in *le Barre hist. générale de l'Allemagne*, T. V. in append. pag. VII. sqq. — *Gebhardi Christiani Bastilleneri* erud. dissert. *de praejudicio principum ex abusu juris feudalis Longobardici* in *Jenichen Thesaur. jur. feudal.* T. I. cap. III. nro. IX. §. 22. pag. 338. sqq. wo der gelehrte Verfasser sehr gründlich den Unterschied zwischen den Fahn- und Scepterlehn zeugt.

Kaiser Friderich des I. theilte mit des Herzog Bernhards Bewilligung den alten Gau Westfahlen, imgleichen alle engerisch-westfählische Länder, die unter dem kölnischen und paderbornischen Bisthums Sprengsen lagen, dem kölnischen Kurfürst Philipp zu.

Das sächsisch-kölnische Herzogthum haftete fast ganz allein auf dem Gau Westfalen, welches noch jetzt das Herzogthum Westfalen heißt, auch auf einigen engerischen Gegenden kölnischer Diöceß.

Vor der Zertheilung des alten und grosen Herzogthums Sachsen waren in selbigem fünf kaiserliche Pfalzen unter einem Pfalzgrafen a), sieben Fahnen oder Fürstenlehne, des Herzogs von Sachsen, des Pfalzgrafen,

---

a) Cfr. *Haltaus glossar. germanic. medii aevi* sub voce *Pfalz* & *Pfalzgericht* T. II. col. 1466. sqq.

grafen, des Markgrafen von Brandenburg, des Landgrafen von Thüringen, des Markgrafen von Meißen, des Markgrafen von Lausnitz und des Grafen von Aschersleben. Imgleichen zwei Erzbischöfliche und funfzehn bischöfliche Scepterlehen. Die Pfalz Sachsen kam im Jahr 1181 an den Landgrafen von Thüringen, nachher aber an das bernhardinisch-sächsische Haus. Die alte Mark, welche hier von Brandenburg uuterschieden wird, ist noch im *XIII.* Jahrhundert von Brandenburg in Urkunden abgesondert gewesen a).

Die mindere Fürsten kamen unmittelbar an das Reich, und erhielten in ihren Gebie-

---

a) Gebhardi genealog. Gesch. ꝛc. 1. B. 1. T. 2. Abschn. pag. 160. not. *B. & S.* Werner II. von Bolanden wohnte 1180 dieser merkwürdigen Errichtung des Herzogthums Westfahlen-Engern bei. *cit. auct.* in der falkenstein. Gesch. 1. B. 2. Buch 3. T. 2. Abschn. pag. 606.

bieten und Gerichten sowol, als bei den **Reichsständen** fast alle diejenige Gerechtsamen, welche ehedem die **Erzfürsten** hatten a)

Auf diese Art stieg durch diese Theilungen das kaiserliche Ansehen und dessen Macht in geist= und weltlichen Sachen fast eben so hoch, als es jemals unter **Karl dem Grosen,** und den **sächsischen Kaisern** war b). Ja von dieser Zeit an fiengen die auswärtige **Könige** an, ihre eigene Freiheit nach der **teutschen Stände** Schicksal zu schätzen, und sich weit mehr als zuvor in die Reichshändel zu mischen. Ein wichtiger Einfluß zur Verbindung und dauer=

---

a) Senkenbergs Reichsabschiede 1. Th. den Nürnberger Landfrieden vom Jahr 1187. nro. 6. pag. mihi 12. sqq.

b) Exhinc non solum in secularibus, sed & in ecclesiasticis negotiis disponendis, auctoritas principis plurimum crevit, *Otto Frising.* de gest. *Frider.* I. Imp. libr. II. cap. X. ap. urstis. T. I part. I. pag. 751.

dauerhaften Gründung der kaiserlichen Hoheits-
rechte!

Uberhaupt **Friderich** des I. Regierung ist der ohnläugbare Beweis, wie sehr die Aufklärung vatterländischer Geschichte durch unternehmende und kluge **Fürsten** gewinne.

Wie sehr ich mich aber über dieses **Monarchens** Klugheit verwundere, so weis ich nicht, warum Friderich I, dem doch das Vatterland sein Alles gewesen ist, und der auch alles zu dessen Verherrlichung anwandte, daß dieser **Fürst** die **Kreuzzüge** befolget habe. Ich glaube vielmehr, daß ihn die damalige fromme Sitte muß getäuscht haben, denn es war ein überhandnehmendes Uebel, gleichsam verderbte Nationalseuche, dem nur glücklichere Zeitumstände nnd Sittenänderungen steuren konten; und wie sehr sie dem **Reich**, selbst dem kaiserlichen Ansehen in Italien schadeten, bedarf keines weiteren Beweises.

Unter

Unter diesem Kaiser nannten sich die Erzbischöfe von Mainz Teutschlands alleinige Erzkanzler (*totius Germaniae archicancellarios*) a). Im Jahr 1187 verkündigte er zu Nürnberg den öffentlichen Frieden b).

Allein seine Reise, welche er 1189 auf Anrathen Pabst Lucius des *III.* nach Griechenland antrat, war die traurigste, denn nach all den vielen Mühseligkeiten, wo keine nutzte, vielmehr das Reich und dessen innere Verfassung zerrüttete, starb der erhabene Monarch,

---

a) Ita in subscriptione diplomatis *Monasterio Stivagiensi in Vogaso supra fluvium Murtim de a.* 1178 concessi, haec leguntur: *Ego Gottofredus Cancellarius vice Christiani Archiepiscopi Moguntini, totius Germaniae Cancellarii recognovi,* Chron. Gottwicens. T. I. pag. 375.

b) *Struvii Corp. histor. german.* T. I. period. VII. Sect. II. §. 39. pag. 784. not. 80. sqq.

narch, von den Wellen verschlungen, im kleinen Armenien im Jahr 1190 a).

In Warheit Friederich der I. war ein Held, deſſen Andenken Teutſchlands Nachkömmlinge preiſen, und deſſen Tapferkeit für Männerſeelen neue Beſeligung, unſterbliche Nachahmung iſt. Alle ſeine Handlungen ſind mit dem Gepräge groſer Geiſtesgaben, mit männlicher Unerſchrockenheit geſtempelt, denn ohnerachtet ſeiner unglücklichen Züge, bot er noch immer

---

a) *Conradi Epiſcopi chron.* ap. *Urſtis.* T. I. part. I. pag. 573. ſqq. — In Conſilio perſpicax, in bello fortis, manuque promptus, & ad cavendas inſidias idoneus, veterum geſta Regum cupide lectitavit in patria lingua admodum facundus. *Aeneae Sylvii hiſt. Friderici III. imp.* in *Kollarii analect. Vindobonens.* T. II. col. 79. ſqq. — *Uberti Folietae hiſtor. genuenſis* libr. II. in *Graevii Theſaur. antiquit. italicar.* T. I. part. I. col. 288. ſqq. — *IV. idus Junii. Necrolog. Weingartenſe* in *Gerardi Heſſ Monument. guelfic.* pag. 143.

immer jeden Anfällen Trotz, ja seine Mann=
heit schien nach jedem Unfalle auf das neue
rege zu werden. Das bestätigen seine Züge
und Siege.

Schreckliches Schicksal! konntest du nicht des
Heldens, der voll Begierde, voll inniger Sehn=
sucht in sein Vatterland zurückkehren wollte,
schonen? Und mußtet ihr ihn verschlingen,
ihr unerbittlichen Wasserwogen? O Teutsch=
land! beweine den traurigen Fall deines Kai=
sers; Dir seien die Kreuzzüge ein verab=
scheuenswürdiges Denkmal! Traurig genug,
Friederich, Teutschlands unvergeßliches Ur=
bild ward das Opfer.

Zustand nach Friderich des I. Tode, und Schluß.

Nach Friderich des *I.* Tode kam das Reich an dessen Sohn Kaiser Heinrich den *VI.*

Kurze Regierung, des Vatters manglende Geistesgaben, und der Päbste glimmende Hoheit, die leider so furchtbar ausbrach, kündigte dem Vatterlande betrübte Zeiten an, wo das Zwischenreich, welches darauf erfolgte, noch mehr dieses Unheil beförderte, und Teutschland fiel in sein altes Kaos zurück, bis Rudolf von Habsburg zum Throne gelangte, und es gleichsam aus seinen alten, doch noch stolzen Ruinen rettete, und dadurch dessen zweiter Schöpfer wurde.

Mit dem hobenstaufischen Hause, welches so nahe mit dem salischen Geschlechte verwand war, hört auch dessen Geschichte vom mittleren Zeitalter, und mein vorhabender Zweck auf. Du erhabenes Gedächtnißdenkmal salischer Statsgeschichte, noch so mächtig auflebend in den Durchlauchtigsten Kurfürsten, der rheinischen Pfalz Erzfürsten, und den andern mit diesem höchsten Kurhause versippschafteten fürstlichen Geschlechtern!

Pfälzer! und ihr alle meine werthen Mitbrüder des teutschen Vatterlands! mir ist keine wonnevollere Beschäftigung, als die immerwährende Durchforschung meiner Hausgegeschichte, und jener des teutschen Reichs; ihre Bearbeitung ist meines Geistes einzige Ruhe, meiner Seele erquickende Nahrung; und das Bewußtsein, würdige Muster der Nachahmung euch hinzustellen, durch sie in der Geschichte des Vatterlands und eures Hauses euch zu gründen, das sei meine einzige hinlängliche Genugthuung!

Fürwahr, wenn ich mich in einsamen Stunden dem Studium vatterländischer Geschichte widme, und dann voll des beseligenden Gefühls ihren Alterthümern nachspüre, dem Gang ihrer geheimsten Wirkungen folge, durch sie Wahrheiten entdecke, Licht, Aufklärung finde, vielleicht gar Nutzen stifte; wenn ich all diese Wirklichkeiten habe, und zu Aller Beherzigung ihr Wesen so zu sagen entfalte, mit andern Denkmälern vergleiche, und dann daraus die wichtige Folgerung leite, nach all den großen Vorgängen, nach all den erhabenen Zügen und unsterblichen Thathandlungen meine vatterländische Geschichte in ihrem wahren Prunke, aber desto überzeugender hinzustellen, das nenne ich Ehre jedes Geschichtschreibers. So verherrlicht er seine Nazion, verewigt die Beherrscher seines Hauses, und kan mit stolzer Seele sagen: Nur meinem Fürsten, meinem Vatterlande und meinen Mitbrüdern heilige ich meine Geistesgaben, ihre Aufklärung ist mein Wohl, und des teutschen Vatterlands Ehre mein Leben.

www.ingramcontent.com/pod-product-compliance
Lightning Source LLC
Chambersburg PA
CBHW031951230426
43672CB00010B/2123